PASADO MORTAL

CHRISTOPHER PIKE

FANTASVILLE

PASADO MORTAL

Ediciones b
GRUPO ZETA

Barcelona • Madrid • Buenos Aires • México D. F. • Santiago de Chile

Título original: *Spooksville #11: The Deadly Past*

Traducción: Gerardo di Masso

1.ª edición: septiembre, 1997

© 1996, Christopher Pike
   Publicado en Estados Unidos por Pocket Books
   Publicado por acuerdo con Ashley Grayson Lit. Agency
© 1997, Ediciones B, S.A., en español para todo el mundo
   Bailén, 84 - 08009 Barcelona (España)

Impreso en España - Printed in Spain
ISBN: 84-406-7651-4
Depósito legal: B. 31.007-1997

Impreso por CREMAGRAFIC, S.A.

Realización de cubierta: Estudio EDICIONES B

1

El horror les sorprendió sin previo aviso.

Adam Freeman y sus amigos no se hallaban muy lejos de casa, aproximadamente a un kilómetro al norte de Fantasville, una zona que raramente visitaban durante sus paseos por los alrededores del pueblo, cuando fueron atacados.

Los bosques que habían atravesado para llegar hasta aquel lugar no eran tan frondosos como los que rodeaban Fantasville.

Mientras descansaban en la cima de una colina, contemplaban un paisaje de rocas, valles secos y algunos matorrales. Sally Wilcox, quien les había llevado a aquel paraje desolado, dijo que se parecía a la cara oculta de la luna.

—Apuesto a que aquí hacían pruebas nucleares —dijo Sally mientras continuaban ascendiendo hacia una especie de plataforma de piedra desde donde se podía disfrutar de una vista espectacular de Fantasville y el océano—. Eso explicaría que sólo crezcan matojos.

—¡Qué tontería! —se burló Cindy Makey, apartando un mechón de pelo largo y rubio de su bonito rostro—. El Gobierno sólo hace pruebas nucleares en el desierto de Nevada.

Sally le miró con sus intensos ojos castaños, del mismo color que su pelo.

—¿Quién está hablando del Gobierno? —replicó—. Recuerda que Fantasville formaba parte de la antigua Lemuria, que se hundió en las aguas del océano Pacífico hace más de veinte mil años. La gente cree que los habitantes de Lemuria eran pacíficos, pero estoy segura de que fabricaron tantas bombas como las que tenemos hoy en el mundo.

—¿Y tú cómo lo sabes? —preguntó Cindy irritada.

—Bum asegura que Lemuria existió realmente —intervino Watch para poner paz entre las dos amigas que siempre encontraban un motivo para discutir.

Watch era fácil de reconocer por los cuatro relojes que siempre llevaba en las muñecas y por carecer de apellido.

—No me gusta contradecir a Bum —añadió Adam Freeman, tratando de recuperar el aliento y enjugándose el sudor que le empapaba el rostro. Adam era el más bajo del grupo y, a pesar de eso, también el líder—. ¿Pero cómo es que no existen más pruebas de la existencia de Lemuria y la Atlántida por ningún lado?

—Ya oíste lo que Bum nos explicó —contestó Watch—. Cuando los dos pueblos entraron en guerra, se destruyeron mutuamente. Aunque Bum sostiene que Lemuria y la Atlántida descendían de culturas aún más antiguas. Y yo le creo. Nuestros libros de historia son muy cortos de miras.

—¿Pero es que tú crees que en este lugar ha habido radiación alguna vez? —preguntó Cindy, mirando inquieta a su alrededor—. Porque si es así, no deberíamos quedarnos aquí ni un minuto más.

—¿Por qué? —preguntó Sally con una risita mal disimulada—. ¿Tienes miedo de sufrir una mutación y convertirte en una chica vulgar y corriente?

—Al parecer eso es lo que te ha ocurrido a ti —replicó Cindy.

Watch alzó la mano antes de que ambas dijeran más tonterías.

—Si aquí hubiese radiación, no crecería ninguna forma de vida —razonó—. No hay de qué asustarse.

Adam inclinó la cabeza hacia un lado.

—¿Qué es ese sonido tan extraño?

—Yo no he oído nada —respondió Sally, antes de detenerse a escuchar mejor. Luego una expresión de asombro se dibujó en su rostro.

»Es como si el viento soplara a través de un valle estrecho.

Watch sacudió la cabeza mientras aguzaba el oído.

—A mí me recuerda a una especie de latido, pero muy lejano. —Recorrió la zona escudriñando a través de sus gruesos cristales—. Aunque no veo de dónde puede venir. ¿Y vosotros?

Cindy señaló hacia el horizonte.

—¿Y qué me decís de ese pájaro que vuela hacia nosotros?

El pájaro marrón al que aludía Cindy sobrevolaba una cadena montañosa que se alzaba más allá de Fantasville. Aquello confundió a Adam, que no alcanzaba a comprender cómo era posible que vieran algo tan pequeño como un pájaro a semejante distancia. Los escarpados picos sobre los que volaba el pájaro se encontraban como mínimo a cinco kilómetros.

Además, el aspecto del pájaro era bastante curioso, tenía una cabeza alargada y la envergadura de sus alas era impresionante. Sacudió la cabeza mientras contemplaba a la extraña criatura volar en círculo.

—Eso no puede ser un pájaro —resolvió.

—Pues claro que es un pájaro —protestó Sally impaciente—. ¿Qué otra cosa podría ser? ¿Un avión?

Watch, que no veía muy bien a pesar de usar gafas, estudió a la extraña criatura.

—Estoy de acuerdo con Adam —anunció después de unos segundos—. Es demasiado grande para ser un pájaro.

Sally hizo visera con una mano para protegerse los ojos de la luz del sol.

—¿Pero cómo podéis calcular el tamaño de ese pájaro? —preguntó—. Está demasiado lejos.

—Exacto —respondió Adam—. Sería imposible verlo desde aquí.

El pájaro marrón se percató de la presencia de los cuatro chicos.

Se volvió en esa dirección. Aquel sonido indescifrable se intensificó.

—Sea lo que sea, no hay duda de que el sonido procede de él —señaló Watch—. Mirad a qué velocidad se acerca. Ahora es el doble de grande que hace un minuto.

Sally empezaba a preocuparse.

—Ningún pájaro puede volar tan rápido.

—Entonces no puede ser un pájaro —insistió Cindy.

Adam retrocedió.

—Será mejor que dejemos esa discusión para más tarde. Esa cosa se está acercando a nosotros a toda velocidad. Deberíamos ponernos a cubierto.

Sally asintió lentamente.

—A lo mejor está hambriento.

Cindy soltó una risita nerviosa.

—Si alguien nos ve huyendo de un pájaro, se va a pensar que somos tontos.

Watch también comenzó a retroceder.

—Prefiero parecer tonto a dejar que me maten. —Hizo una pausa y miró de soslayo. El pájaro, o lo que fuese, lanzó un chillido espantoso. Recogió las alas y descendió en picado hacia ellos como si fuese un misil. Hasta Watch, que rara vez mostraba temor, tartamudeó al añadir:

»Eso parece un pterodáctilo.

—¿Y eso qué es? —preguntó Cindy.

Sally se quedó boquiabierta.

—¡Un dinosaurio!

Watch sacudió la cabeza.

—Técnicamente no. Pero vivió en la época de los dinosaurios y era igual de peligroso.

—¡Pero eso es imposible! —exclamó Cindy.

—¡En este pueblo nada es imposible! —le gritó Adam. Cogió a Cindy de un brazo y tiró de ella hacia atrás—. ¡Vámonos de aquí ahora mismo!

Echaron a correr ladera abajo hacia un estrecho valle que se extendía al pie de las colinas. Pero, entonces, la confusión se apoderó de ellos y todos tomaron diferentes direcciones, sin tener la menor idea de adónde ir. Adam les obligó a detenerse.

—¡Hay que encontrar una cueva!

—Pasamos junto a una cueva hace un momento —le dijo Sally, señalando hacia atrás—. ¡Estaba hacia allí!

Watch señaló en dirección opuesta.

—No, estaba en aquella dirección. Pero jamás conseguiremos llegar a ella. Debemos buscar un refugio más cerca.

Los cuatro examinaron la zona ansiosos.

El pterodáctilo volvió a lanzar un chillido escalofriante. Ahora, sus alas emplumadas resultaban claramente visibles, al igual que su enorme pico afilado. El monstruo parecía volar hacia ellos a una velocidad de miles de kilómetros por hora. Estaría sobre ellos en cuestión de segundos. Aquella horrible criatura comenzó a doblar las garras. Para Adam la única solución era encontrar un lugar donde esconderse.

—Si encontramos un saliente rocoso —dijo—, estaremos a salvo.

—¡No! —protestó Sally—. ¡Lo que necesitamos es una cueva!

Watch la cogió por el brazo.

—¡Adam tiene razón! —exclamó—. ¡Jamás conseguiremos regresar a la cueva! ¡Allí hay un saliente rocoso! ¡Vamos!

Echaron a correr hacia el extremo opuesto del estrecho valle, que acababa en una pared rocosa de la que sobresalía un pronunciado saliente que tendría un par de metros de longitud. Por desgracia, el techo de piedra quedaba a unos tres metros por encima de sus cabezas, una vez se situaron debajo de él. De modo que la protección que podría proporcionarles sería escasa. Se apretujaron contra la pared de piedra caliza.

El pterodáctilo chilló una tercera vez.

Unos segundos más tarde, caería sobre ellos.

—Ojalá llevase un láser manual —se lamentó Watch, alzando la vista hacia el monstruo alado, cada vez más próximo.

—Tendríamos suficiente con un palo duro y resistente —dijo Adam, al tiempo que descubría una rama en la superficie de la pared, un poco más arriba de ellos—. Trataré de llegar hasta ella.

Sally se aferró al brazo de Adam y tiró de él.

—¿Es que estás loco? —gritó—. ¡Ese pájaro te matará!

Adam se soltó.

—Nos matará a todos si no hacemos algo.

Adam se dio impulso y saltó en busca de la rama. La horrible criatura parecía experta en maniobras de vuelo y se desvió de inmediato hacia Adam, quien acababa de agarrar aquella rama gruesa. De pronto, el pterodáctilo extendió sus enormes alas, de más de seis metros, para ir frenando y atrapar a su presa. No obstante, volaba a una gran velocidad, y tal vez fuera eso lo que salvó a Adam de una muerte segura.

La criatura intentó atrapar a Adam pero falló.

Aunque no del todo. Una de las garras lo hirió en el hombro.

Adam sintió una terrible punzada de dolor en la zona herida.

La sangre le manchaba la camisa.

—¡Adam! —gritaron sus amigos.

El pterodáctilo se disponía a atacar de nuevo. En esa ocasión, Adam pudo incluso olerlo: una nube de vegetación putrefacta soplando encima de él. El enorme pájaro ya no volaba tan deprisa, sino que trazaba a la perfección sus movimientos.

Adam percibió la voraz inteligencia del ave antediluviana en sus grandes ojos rojos y negros. De su boca caía una especie de saliva roja y Adam se preguntó qué sería lo último que habría comido, quizás un ser humano.

—¡Vuelve aquí! —le pidió Watch.

Y aunque Adam sangraba y el dolor era insoportable, no desistía en su intento de alcanzar la rama. Sabía que les sería imprescindible para mantener a raya al pterodáctilo, mientras intentaban llegar a un refugio más seguro. El saliente rocoso no les protegería por mucho tiempo. El pterodáctilo podía tomar tierra en cualquier momento y embestirles con su largo pico.

—¡Ahora voy! —gritó Adam mientras cogía la rama.

La herida del hombro era grave y la sangre goteó cuando se inclinó hacia delante. Pero con la rama en la mano se sentía más seguro. ¡Aquel maldito pájaro no volvería a hacerle daño!

Por desgracia, el pterodáctilo opinaba de manera distinta.

La criatura se lanzó sobre él y el movimiento de sus alas levantó una nube de polvo. A pesar de su extraordinario tamaño, el pterodáctilo era muy ágil. Y, al parecer, también muy listo porque, al ver la rama que Adam blandía en la mano, fue a por ella. El pájaro le propinó un zarpazo y Adam estuvo a punto de perder su arma. Decidió cambiar de estrategia. Comenzó a agitar frenéticamente la rama en todas direcciones en lugar de intentar asestarle un golpe decisivo.

—¡Ven ahora, maldita gallina gigante! —gritaba sin cesar de agitar la rama. Por casualidad, alcanzó al animal en medio de la cabeza y éste lanzó un chillido de dolor.

—¡Mátalo! —exclamó Cindy, desde su precario refugio debajo del saliente.

—¡El pterodáctilo se va a pensar que se lo dices a él! —protestó Sally—. ¡Vuelve aquí, Adam! ¡Deja de hacerte el héroe!

—¡Chicos, corred hacia la cueva! —le ordenó Adam—. ¡Yo le mantendré distraído!

—¡No vamos a dejarte aquí! —exclamó Sally y luego se volvió hacia Watch—. ¿Crees que deberíamos irnos? —le preguntó.

Watch pareció dudar.

—No me hace ninguna gracia, pero quizás Adam lleva razón.

»Podría atacarnos en cualquier momento y sólo contamos con un palo para defendernos.

—Yo no pienso abandonar a Adam —declaró Cindy.

En aquel momento, el pterodáctilo hizo otra intentona de apresar a Adam. Adam lo vio venir, pero no le sirvió de mucho porque esa vez el pterodáctilo usó las alas, además de las garras. Adam fue derribado y, durante un instante, soltó la rama. No había duda de que el pterodáctilo era un animal muy inteligente, ya que, sin perder tiempo, se dirigió hacia la rama. Pero la rapidez mental de Watch los salvó. Watch cogió la rama antes de que el pterodáctilo llegase a ella y le propinó un terrible golpe en las patas al animal. El ave lanzó otro chillido de dolor y remontó el vuelo. Watch ayudó a Adam a levantarse.

—Creo que le he herido —dijo Watch—. Ahora hay que largarse de aquí y buscar un lugar seguro.

Adam asintió con un gesto de dolor.

—¡Estoy cojo!

Los cuatro echaron a correr hacia la cueva que habían visto en el camino. El monstruo parecía dispuesto a dejarles escapar y se elevó hacia el cielo, en busca de una presa más fácil para saciar el hambre. No obstante, ninguno de ellos lo perdió de vista, lo cual dificultaba su huida, ya que miraban continuamente por encima del hombro para asegurarse de que el pterodáctilo no les seguía los pasos. Watch no había soltado la rama.

—Necesitamos otro palo —dijo—. Ni siquiera en la cueva estaremos a salvo. A ese bicho asqueroso no le costaría nada entrar.

—Tal vez encontremos otro palo cerca de la cueva —lo tranquilizó Adam, mientras la sangre seguía manando de su hombro herido. En realidad la carrera había hecho que la hemorragia aumentara. Lo mejor que podía hacer era descansar unos minutos, cubrir la herida y recuperar el aliento. Pero prefería seguir corriendo aunque acabara desangrado. El solo hecho de pensar que el pterodáctilo pudiera atraparle y llevarle a su nido le daba la fuerza necesaria para seguir.

—Llevo mi mechero —anunció Sally—. Si encendiéramos un fuego, lo mantendríamos alejado de la cueva.

Watch echó otra ojeada hacia atrás.

—Sigue ahí.

—¿Qué pretende? —exclamó Cindy, más asustada que sus amigos.

—Comernos —repuso Sally con expresión sombría—. Primero nos triturará el cerebro con los dientes y luego nos devorará los intestinos.

—Es una suerte tenerte aquí para que nos expliques con todo detalle cómo nos comerá ese maldito pajarraco —se burló Adam.

Sally estaba preocupada por Adam. Mientras corrían, intentó examinarle la herida.

—Necesitas un vendaje urgentemente —dijo.

—Ahora mismo lo que más necesito es una escopeta —replicó Adam.

Se hallaban a tan sólo unos cincuenta metros de la cueva, cuando el pterodáctilo decidió atacar otra vez.

Los cogió desprevenidos, porque el monstruo se había escondido momentáneamente detrás del estrecho valle por el que huían. Y los cuatro amigos habían deducido que el pterodáctilo se había dado por vencido. Pero, de pronto, volvió a aparecer justo delante de ellos. Y aunque lo vieron, volaba tan deprisa que Watch no tuvo tiempo ni de levantar la rama para protegerse.

Con las patas extendidas y blandiendo las garras, el pajarraco se precipitó sobre Sally.

La levantó del suelo.

Adam, Cindy y Watch comenzaron a gritar.

Sally, moviéndose con una rapidez insólita, se giró y le mordió con fuerza los dedos de una pata. El monstruo lanzó un gemido estridente de dolor y la soltó.

Sally rodó por el suelo.

Sus amigos corrieron hacia ella.

—¿Estás bien, Sally? —le preguntó Cindy mientras Adam y Watch la ayudaban a ponerse en pie.

—Sí —contestó con tranquilidad mientras se sacudía la tierra de la ropa—. No tengo ningún hueso roto y mi cerebro no ha sufrido daños. —Sin embargo al poco rato empezó a temblar y tuvo que llevarse una mano a la boca para no vomitar—. Ese monstruo tiene un gusto horrible —se quejó.

Adam señaló hacia el cielo.

—Ya vuelve. Watch, dame la rama. Se me ha ocurrido una idea para obligarle a que nos deje en paz.

—Sí, será mejor que te ocupes tú de él —le dijo Watch, entregándole la rama—. Nosotros continuaremos hasta la cueva.

Pero les fue imposible. El pterodáctilo estaba furioso, su almuerzo había vuelto a escapársele de entre las patas.

Atacó utilizando sus alas como arma. Adam comenzó a darle golpes con la rama seca, y los demás le ayudaban lanzándole piedras al monstruo alado. Pero aquella criatura era demasiado grande y rápida como para detenerse ante un ataque tan débil. Además, el sonido que salía de su boca dentada era escalofriante. Emitía sin cesar horribles graznidos amenazadores, casi a modo de advertencia: o dejaban de atacarle y le permitían coger a uno de ellos, o se los comería a todos.

Entonces sucedió algo increíble.

Watch se las ingenió para lanzar una piedra, con tanta puntería, que entró directamente en la garganta del pterodáctilo.

La criatura parecía asfixiarse. De hecho sus intentos por respirar eran tan desesperados que, para conseguirlo, no tuvo más remedio que dejar de batir las alas y tomar tierra.

—¡Ésta es la nuestra! —exclamó Adam—. ¡Corramos hacia la cueva!

Los cuatro salieron disparados hacia la oscura boca de la cueva.

Detrás de ellos, el pterodáctilo pugnaba por evitar ahogarse.

El interior de la cueva resultaba lóbrego y frío. Era una verdadera lástima que la entrada no fuese más estrecha, en previsión de que algún monstruo quisiera colarse.

A Watch le parecía lo bastante grande como para que el pterodáctilo la pudiese atravesar y, por ese motivo, necesitaban encender fuego. Si algo habían aprendido, era que aquel horrible monstruo no se daba por vencido con facilidad.

—Pero aquí no hay nada para hacer fuego —se quejó Sally mientras examinaba el polvoriento suelo de la cueva.

—Eso no es verdad —protestó Watch—. Tenemos la rama y nuestra ropa. Si envolvemos la rama con trozos de ropa, podremos fabricar una antorcha y mantener alejado a ese pajarraco.

Adam comenzó a quitarse la camisa.

—Buena idea. Toma mi camisa.

Sally negó con la cabeza.

—La tuya tiene demasiada sangre. Watch, pásame tu camisa.

Sally sacó el mechero Bic que siempre llevaba en el bolsillo.

Watch se quitó enseguida la camisa, y ambos se pusieron manos a la obra, mientras Adam sostenía la rama. Cindy estaba junto a la entrada de la cueva haciendo guardia.

—¡Deprisa! —gritó—. ¡Ha conseguido expulsar la piedra!

El pterodáctilo se había repuesto pero, en lugar de volar hacia la cueva, empezó a caminar despacio hacia ella. Tal vez pensaba que los tenía acorralados. La visión de aquel enorme monstruo acercándose resultaba más aterradora que su vuelo de ataque. Cindy comenzó a chillar.

—¡Estamos atrapados!

—No estamos atrapados —la contradijo Sally al tiempo que acercaba la llama del mechero a la camisa de Watch.

»Aunque esta camisa no arderá mucho tiempo. Cindy, dame tu blusa.

Cindy dejó de chillar. Aquella idea pareció no gustarle demasiado.

—No. Primero tu blusa.

—Para tu información te diré que esta blusa es nueva y me costó veinte dólares —replicó Sally irritada—. Además, soy más vergonzosa que tú.

—Ya. Seguro que hasta ese dinosaurio con alas es más vergonzoso que tú —se burló Cindy.

—¡Dame esa maldita rama y dejad de discutir! —les ordenó Adam mientras la camisa de Watch comenzaba a arder—. ¡Hay que alejarlo de aquí!

Adam cogió la improvisada antorcha de manos de Sally y corrió hacia la entrada de la cueva. Llegó justo cuando el pterodáctilo asomaba la cabeza. Para alivio de Adam, el pajarraco retrocedió al ver las llamas. Pero, una vez más, le asombró la inteligencia de aquel bicho.

Se comportaba como si supiera que la camisa no ardería mucho tiempo. Retrocedió un par de metros, pero siguió al acecho. Junto a Adam, Cindy temblaba de miedo.

—¡No hemos conseguido engañarle! —gritó.

Adam se sentía frustrado.

—No importa cuánta ropa quememos. Esperará el tiempo que haga falta.

Watch se acercó a ellos.

—He examinado la cueva y no es muy profunda. Ni siquiera se estrecha más adelante.

Sally se reunió con ellos.

—¿Y si lo echamos a suertes? —propuso.

Cindy se horrorizó.

—¿Quieres decir que uno de nosotros se sacrifique para que los demás se salven?

Sally se encogió de hombros.

—No tenemos otra salida. Así, mientras esa cosa se esté comiéndose a uno de nosotros, los otros tres pueden escapar.

—¿Por qué no te callas de una vez? ¿Es que no sabes hablar de otra cosa? —replicó Cindy.

—¡Bueno, no se va a poner a jugar al escondite con nosotros! —protestó Sally—. ¡Hay que ser realistas!

—¡No vamos a sacrificar a nadie! —intervino Adam, sin soltar la antorcha que todavía estaba prendida—. Necesitamos un plan de defensa más efectivo. Watch, tú siempre tienes buenas ideas. ¿No se te ocurre nada?

Watch suspiró.

—No. Y eso que me he estado estrujando los sesos. Hay un montón de cosas que podríamos usar, pero están todas en el pueblo. —Hizo una pausa—. Déjame la antorcha. Intentaré distraerle mientras vosotros regresáis al pueblo.

Adam sacudió la cabeza.

—De ninguna manera. El pterodáctilo acabaría contigo en un periquete.

—Pero tú te ofreciste a hacerlo cuando estábamos debajo de aquella roca —le recordó Watch.

—Sólo fue para que os diese tiempo de llegar a la cueva —contestó Adam—. ¿Y si buscáramos otra cueva? ¿Una con la entrada muy estrecha para que ese pajarraco no pudiera entrar?

Watch sacudió la cabeza.

—Conozco esta zona mejor que tú, Adam, y no hay ninguna otra cueva.

Las llamas de la camisa de Watch comenzaron a extinguirse.

El pterodáctilo avanzó unos pasos y un hilo de saliva roja escapó de su boca entreabierta.

—¡Viene hacia aquí! —chilló Cindy.

Adam estaba desesperado.

—¿No hay modo de bloquear la entrada a la cueva?

—¿Con qué? —inquirió Sally—. ¿Con nuestros cadáveres?

—No vamos a morir —la contradijo Adam—. Sally, Cindy... id al fondo de la cueva. Watch y yo trataremos de mantenerle a raya con la rama.

Las dos chicas obedecieron sin rechistar. La imagen de aquel horrible pterodáctilo que se acercaba lentamente sobre sus enormes patas acabadas en uñas afiladas como cuchillas era suficiente para acabar con la voluntad más férrea.

Incluso Adam y Watch comenzaron a retroceder casi sin darse cuenta. Los grandes ojos del monstruo alado se agrandaron anticipando el festín. Ya eran suyos, aquellos pequeños y frágiles humanos no tenían escapatoria posible.

—Ojalá esta rama estuviese afilada por un extremo —dijo Adam—. Podríamos clavársela y entonces ese bicho se lo pensaría mejor antes de volver a atacarnos.

—No hay tiempo de afilarla —le repuso Watch.

Adam se volvió para mirarle.

—¿O sea que ya está? —preguntó, y a continuación añadió—: ¿Éste es el final?

Watch suspiró con resignación.

—Tal vez no para todos. Pero ese pajarraco se llevará al menos a uno.

—¿Y morirá?

—Sí. Tendrá una muerte horrible.

Adam hizo una mueca.

—No podemos consentir que sea alguna de las chicas.

—Le puede tocar a cualquiera de nosotros —le corrigió Watch—. Eres muy valiente, Adam. Pero ni siquiera tú podrías salir de la cueva tan ricamente y dejar que esa bestia acabe contigo. Nadie podría.

El pterodáctilo seguía su avance inexorable.

Las últimas llamas de la improvisada antorcha se apagaron.

El horrible pajarraco asomó la cabeza en el interior de la cueva y lanzó un chillido.

—¡Paradle! —pidió Cindy a gritos desde el fondo de la cueva.

Adam agitó en vano la rama delante de él.

—Lo que nos faltaba —dijo en un jadeo.

Watch apoyó la mano sobre el hombro ileso de Adam.

—Quizá sea nuestra única oportunidad de dar en el blanco.

»¿Qué tal si le clavas la punta de la rama en un ojo y lo dejas tuerto? Es nuestra última esperanza. Apúntale al ojo.

Adam asintió.

—Lo intentaré.

Y Adam lo intentó, pero fue en vano. El pterodáctilo era demasiado rápido para él, y sabía instintivamente cómo protegerse los ojos. Mantuvo la cabeza echada hacia atrás mientras avanzaba, utilizando las garras para orientarse.

Adam estuvo a punto de perder la rama en varias ocasiones.

Cada paso que retrocedían acercaba a Watch y a Adam al fondo de la cueva, a las chicas, al final del trayecto.

Nunca, a pesar de peligros excepcionales con los

que había tenido que enfrentarse en Fantasville, se había sentido Adam tan indefenso.

—Tengo una idea —les anunció Sally, detrás de Adam, en el momento en que él se aproximaba a la pared—. Primero, envolvemos la rama con otro trozo de tela y le prendemos fuego, y luego abrimos el mechero y empapamos la rama con el combustible que aún quede. Eso producirá una gran llamarada que durará unos segundos y, mientras la rama arde, tú metes el extremo en la boca del pterodáctilo. Si eso no le obliga a salir de la cueva, al menos ganaremos tiempo y podremos deslizarnos junto a ese pajarraco para alcanzar la salida.

—Pero fuera de la cueva seremos una presa fácil para él —protestó Watch—. Y más todavía si ni siquiera contamos con la rama para defendernos.

El pterodáctilo alzó una de sus garras y avanzó hacia ellos.

Adam y Watch dieron un salto hacia atrás.

Los cuatro amigos aplastaron las espaldas contra la dura superficie de la roca.

—¡Si no salimos de aquí, se nos va a comer para postre! —gritó Sally—. ¡Corta la parte seca de tu camisa, Adam! ¡Deprisa! ¡Venga!

Adam hizo lo que Sally le ordenó. En pocos segundos fabricaron una segunda antorcha envolviendo la tela en el extremo de la rama. Sally encendió primero la tela y luego rompió el mechero golpeándolo con fuerza contra la pared de piedra. Adam sostuvo el extremo de la rama cerca de Sally para que ella pudiera prenderle fuego a la tela, lo que fue aprovechado por el pterodáctilo que avanzó un par de metros más. Sally mantuvo el encendedor roto cerca de las llamas.

—Cuando arroje el líquido sobre el fuego —dijo—, se producirá una gran llamarada. Aunque tendrás que moverte deprisa, Adam. ¿Entendido?

—Entendido —convino Adam—. Pero debemos tener muy claro lo que vamos a hacer. Si sólo queremos salir de aquí, tendremos suerte si conseguimos abrir un espacio por el que podamos deslizarnos junto a esa bestia. Habrá que salir uno a uno y sin perder el control. Cindy, tú irás primero. A continuación Sally y Watch. Yo saldré el último.

—Por mí vale —contestó Sally ansiosa, sin dejar de mirar de soslayo al pterodáctilo—. Lo haremos cuando cuente tres. ¡Uno... dos... tres!

Sally arrojó el combustible del encendedor sobre el fuego.

El extremo de la rama estalló en llamas.

Adam lanzó un golpe con la rama justo cuando la horrible criatura se inclinaba hacia delante para agarrar con su largo pico a uno de ellos. El pajarraco mantenía la boca abierta. Adam consiguió hacer pasar la rama a través de los dientes y la lengua hasta alcanzar la garganta del bicho. El pterodáctilo dejó escapar un gemido ensordecedor de dolor y acto seguido inclinó el pico hacia delante en un intento por librarse de las llamas.

La rama salió volando de las manos de Adam sin que éste pudiera evitarlo.

La confusión creó la abertura que necesitaban para escapar.

Cindy pasó rápidamente junto a Sally y corrió hacia la salida. Sally salió disparada tras ella, con Watch y Adam pisándole los talones. Cinco minutos después de haberse producido el ataque contra el pterodáctilo, los cuatro amigos se encontraban fuera de la cueva respirando aire fresco. Durante un instante, sintieron una indescriptible sensación de alivio. Pero entonces el monstruo se dejó oír desde las profundidades de la cueva y comprendieron que estaba muy lejos de haber sido derrotado.

—¡Corramos! —gritó Adam.

—¿Hacia dónde? —preguntó Sally.

—¡Da igual! —dijo Watch.

De modo que echaron a correr como locos, desandando el camino que les había llevado a la cueva, en dirección al saliente rocoso que les había protegido al principio. Pero era en vano. Se enfrentaban a un enemigo veinte veces más grande y fuerte que ellos. Un enemigo acostumbrado a matar para vivir. En realidad, en ningún momento habían tenido la más mínima posibilidad de vencerle.

Los cuatro amigos estaban a punto de alcanzar la plataforma rocosa desde donde se divisaba Fantasville y el interminable océano, cuando el pterodáctilo surgió nuevamente en el cielo. Se elevó directamente por encima de ellos, ganando altura y, durante unos segundos, tuvieron la esperanza de que continuaría ascendiendo hacia el cielo azul y estarían a salvo. Pero entonces comenzó a arquear el cuerpo, recogió las enormes alas y apuntó su horrible cabeza hacia el suelo.

Y una vez más se lanzó sobre ellos como un misil mortal, una sombra de muerte marrón que no cesaba de lanzar su escalofriante chillido, su grito de venganza.

Le habían hecho daño y ahora la bestia quería tomarse la revancha.

Y ellos sólo podían quedarse inmóviles donde estaban y observar con impotencia la llegada de su enemigo.

En sus mentes sólo había una pregunta.

¿A cuál de ellos cogería primero?

En el último momento, el pterodáctilo volvió a extender sus enormes alas.

Una oleada de hedor y aire caliente pasó por encima de ellos, y también una sombra oscura. Cindy lanzó un grito, posiblemente todos hicieron lo mismo. Pero el de Cindy fue mayor, tal vez porque el pterodáctilo la había elegido para que fuese su primera víctima. Estaba junto a Adam, mirando hacia el cielo con ojos aterrados, y un segundo después, era arrastrada hacia arriba mientras gritaba y pateaba desesperada, colgada en el aire. Ahora Cindy formaba parte de aquel horror y, mientras el pterodáctilo se alejaba con su presa hacia las colinas distantes, les parecía oír todavía la voz angustiada de Cindy. Sin embargo, ellos sabían que eso era imposible.

Adam inclinó la cabeza. Los tres lo hicieron.

Su amiga había desaparecido.

2

Los tres permanecieron unos minutos paraliza-
dos por la conmoción. Un peso opresivo se cernía
sobre ellos y hasta la luz del sol había perdido in-
tensidad. No había palabras para expresar cómo se
sentían, de modo que ninguno dijo nada. Pero, después, comenzaron a reaccionar.

—¿Creéis que pueda estar con vida? —preguntó
Sally.

Watch se encogió de hombros.

—Ahora mismo, quizá sí.

El significado de su comentario no dejaba lugar a
dudas. Aunque estuviese viva en aquel momento, no
lo estaría durante mucho tiempo.

—¿Qué hacemos ahora? —musitó Sally.

Watch sacudió la cabeza.

—¿Qué podemos hacer?

Sally extendió la mano y rozó ligeramente el hombro herido de Adam.

—Tenemos que llevarte a que te vea un médico —dijo.

Adam apartó la mano de su amiga.

—No pienso ir a que me vea ningún médico.

Watch le miró.

—No puedes ir en busca de Cindy.

—No pienso permitir que esa bestia inmunda le haga daño —afirmó Adam con voz decidida.

—Es inútil —sentenció Sally.

Adam se volvió hacia ella y le gritó:

—¡De eso nada! ¡Lo que pasa es que no quieres salvar a Cindy porque te cae mal!

Sally tenía lágrimas en los ojos.

—Haría cualquier cosa por salvar a Cindy si viera alguna posibilidad. Pero no la hay, Adam.

Adam inclinó la cabeza con una expresión de enorme tristeza.

—No quise decir eso, Sally. Ella también era tu amiga. Perdona que te haya gritado.

Sally le pellizcó con suavidad en el brazo.

—No te preocupes. Todos sabemos cuánto te gustaba Cindy.

Watch carraspeó.

—Por favor, no enterremos a Cindy antes de tiempo. He estado dándole vueltas a lo que ha pasado y puede que haya una posibilidad de que aún siga con vida, y de que permanezca con vida algún tiempo más, tal vez lo suficiente para que podamos rescatarla.

Adam alzó la vista hacia su amigo.

—¿Qué quieres decir? Ese pterodáctilo estaba muerto de hambre.

Watch miró hacia las cumbres montañosas por donde Cindy había desaparecido.

—Nosotros hemos supuesto que el pterodáctilo estaba cazando para él. Pero ninguno de nosotros sabe cómo se comporta un pterodáctilo hambriento. ¿Y si esa bestia había salido a buscar comida para sus crías?

—¿Crees que era una mamá pterodáctilo? —preguntó Sally.

—Es posible —le repuso Watch—. Y si llevó a Cindy de regreso a su nido para alimentar a sus hijos, tal vez no la mate enseguida. A la mayoría de los reptiles les gusta comerse a sus presas vivas.

—Pero sus crías estarán esperando hambrientas a que su madre regrese con comida —protestó Sally con voz temblorosa.

—No creas —replicó Watch—. Está claro que la madre sale a cazar durante el día, y puede que incluso salga también de noche. Pero una vez leí en un artículo que las crías de dinosaurio se pasaban durmiendo la mayor parte del día. Y hoy es un día muy caluroso. Quizás estén todos dormidos cuando su madre regrese al nido con Cindy.

El rostro de Adam se iluminó de súbito.

—¡Entonces no hay tiempo que perder, vamos a buscarla ahora mismo!

Watch le detuvo.

—No podemos ir tras ellos caminando, al menos no durante la primera parte del viaje. Esas montañas están a muchos kilómetros de distancia. Necesitamos un coche o, mejor aún, un todoterreno. Hay una carretera que sube por esas montañas. —Hizo una pausa—. Regresaremos al pueblo para encontrar algún medio de transporte y luego iré a buscar a Cindy.

—¿Por qué tú? —preguntó Adam.

Watch enumeró las razones.

—Porque yo soy el único que sabe conducir. Porque conozco esas montañas. Porque estás herido y porque, además, olvidáis algo muy importante: donde hay un dinosaurio, puede haber dos dinosaurios. Lo que tenéis que hacer es regresar al pueblo e informar a todo el mundo de lo que está pasando.

—Es cierto que Adam está herido y debería quedarse en el pueblo —admitió Sally—. Pero sería mejor que yo te acompañara, Watch.

Watch sacudió la cabeza.

—Es demasiado peligroso, Sally. ¿Por qué arriesgarnos los dos? No porque seamos dos aumentarán las posibilidades de que Cindy sobreviva. Además, vosotros dos trabajáis mejor juntos. Y yo pienso mejor cuando estoy solo.

—Y después ¿qué quieres que hagamos? —preguntó Adam, sintiéndose muy débil por la pérdida de sangre y por la tristeza. Le costaba aceptar que Cindy hubiera desaparecido. Tenía la sensación de que en cualquier momento, volvería a ver su rostro sonriente ante él. Aún resonaban en sus oídos los gritos desesperados de su amiga cuando aquel pájaro monstruoso se alejaba volando hacia las montañas.

—¿Es que no está claro? —preguntó Watch—. Hay que averiguar qué están haciendo esos dinosaurios en nuestra época, en nuestro pueblo, y descubrir la manera de librarnos de ellos.

—¿Tienes alguna teoría? —preguntó Sally.

Watch asintió.

—Más o menos. De algún modo, nuestra época se ha fundido con una era remota. Hace setenta millones de años que los pterodáctilos desaparecieron del planeta. Pero no tengo la menor idea de qué ha podido producir ese fenómeno.

—¿Crees que este fenómeno sólo se está produciendo aquí o en todo el mundo? —preguntó Adam.

—Espero que sólo aquí —le respondió Watch—. Porque si nuestra época y la era de los dinosaurios se han unido en todas partes, estamos en un buen aprieto. Pero no lo creo. Hasta ahora sólo hemos visto un pterodáctilo. La puerta que comunica ambas épocas está probablemente muy localizada.

—¿Pero qué ha podido abrir esa puerta? —preguntó Sally.

—No lo sé —admitió Watch.

—De todas formas, aunque esa brecha entre ambas épocas esté localizada, tiene que ser enorme —señaló Adam— para que esas criaturas hayan pasado a nuestro tiempo. ¿Y si mide varios kilómetros?

—Eso es muy relativo —le repuso Watch—. Lo único que importa ahora es encontrar la manera de cerrarla. Que sea grande o pequeña es lo de menos. Además, yo podría estar equivocado. Tal vez el pterodáctilo haya llegado de algún lugar desconocido, no de otra época.

Los tres echaron a andar de regreso al pueblo. Adam comenzó a sentirse muy débil y tuvo que apoyarse en Watch para continuar la marcha. Sally desgarró lo que quedaba de la camisa de Adam e improvisó con ella un vendaje. Por fin, el hombro dejó de sangrar, pero sus fuerzas iban consumiéndose.

Mientras caminaban, Sally sollozaba en silencio. No habían perdido la esperanza de rescatar a Cindy. Harían cualquier cosa por salvar a su amiga. Pero tampoco podían engañarse. El pterodáctilo era un temible enemigo. Probablemente Cindy ya estuviese muerta.

Cuando se encontraban a menos de un kilómetro del pueblo, se toparon con una camioneta aparcada. Resultaba extraño encontrar una camioneta allí. Pero el vehículo respondía a todas las exigencias de Watch. Se trataba de un todoterreno con tracción en las cuatro ruedas, un motor potente y enormes neumáticos. Su carrocería azul se elevaba de tal modo que casi podían pasar caminando por debajo de ella. El único problema era que las puertas estaban cerradas y el coche no tenía llaves.

—Haré un puente con los cables para ponerlo en

marcha —aseguró Watch, al tiempo que cogía una piedra.

—Eso es robar —le reprochó Sally. Sin embargo, luego añadió—: Claro que esto es una emergencia.

Adam asintió.

—Rompe el cristal de la ventanilla y hazlo funcionar, Watch. Sally y yo continuaremos hasta el pueblo.

Watch rompió el cristal. El sonido les sobresaltó.

—Tal vez debería llevaros en coche —propuso Watch, mientras metía la mano a través del cristal roto y abría la puerta—. Sólo me llevará unos minutos.

—No —replicó Adam con firmeza—. Esos minutos son de vida o muerte para Cindy. —Se apoyó un momento contra el coche—. Haría falta un milagro para encontrar el nido del pterodáctilo.

Watch limpió el asiento delantero de cristales y se sentó detrás del volante.

—No creas. Los chillidos de esa bestia deben oírse a varios kilómetros de distancia.

—Pero ese pajarraco habrá hecho su nido en el pico de una montaña —se lamentó Sally—. Tendrás que hacer parte del trayecto a pie. Y el pterodáctilo aprovechará para atacarte cuando salgas de la camioneta.

Watch golpeó el encendido con la piedra y dejó los cables al descubierto.

—Podéis estar seguros de que antes de que ese pajarraco me coja, habré encontrado un buen palo para defenderme —les tranquilizó Watch. Después de unir los extremos de un cable rojo y otro negro, el coche se puso en marcha con un rugido—. Este coche me llevará muy cerca de donde necesito ir.

Sally subió a la cabina y le abrazó.

—No corras ningún riesgo innecesario. Procura tener siempre un refugio a la vista. Y mantén los ojos y los oídos abiertos todo el tiempo.

Watch asintió.

—Tendré cuidado.

Adam le apretó el brazo.

—Buena suerte. Si consigues salvar a Cindy te convertirás en el mayor héroe del mundo. Al menos para nosotros.

Watch estrechó la mano de Adam y le miró directamente a los ojos.

—No creo que Cindy esté muerta —afirmó con expresión solemne—. Si lo estuviese, nosotros lo sentiríamos y, ¿sabes? yo la sensación que tengo es de que sigue con vida.

Adam asintió afligido.

—No perdamos la esperanza.

Watch cerró la puerta, pisó el acelerador y, un momento después, el todoterreno no era más que una nube de polvo en la estrecha carretera que llevaba a las montañas. Adam y Sally, con el corazón encogido, lo siguieron con la mirada hasta que desapareció.

—¿Crees que hemos hecho bien al permitir que se marchara? —preguntó Sally.

Adam suspiró.

—No teníamos otra alternativa.

—Espero que el pterodáctilo no se lo lleve a él también.

—Esperemos que no se nos lleve a todos —añadió Adam.

Luego reanudaron el camino de regreso al pueblo. Sólo llevaban un par de minutos andando cuando se percataron de que no estaban solos. Descubrieron otro visitante a la vista. Su cabeza sobresalía entre los árboles. Era aún más grande que el pterodáctilo y sin duda se trataba de un dinosaurio.

Y había un chico montado en su lomo.

3

Cuando Cindy despertó, sólo sentía un terrible dolor de cabeza. Las punzadas de dolor la asaltaban a un ritmo constante, como si su sangre estuviese ejecutando una danza enloquecida en los extremos de sus delicadas terminaciones nerviosas.

Fue entonces cuando, lentamente, tomó conciencia del lugar donde se hallaba y recordó lo que había sucedido en aquel risco. Aunque sus amigos habían creído oírla gritar durante el trayecto hacia las montañas, en realidad Cindy había estado desmayada todo el tiempo. Los gritos habían salido de su garganta, pero no de su mente. Seguramente había perdido el conocimiento por la conmoción, tan pronto como el pterodáctilo la agarró con sus garras afiladas.

Pero el horror de aquel ataque volvió de pronto a ella, y la obligó a sentarse y a abrir los ojos. La visión la dejó asombrada.

Estaba en un nido tan gigantesco que muy bien

podría haber alojado a mil pájaros de tamaño normal. Estaba construido con ramas, lodo e incluso un par de troncos. Olía a podrido y tuvo que contener la respiración para no vomitar. El nido estaba situado en un saliente rocoso casi en la cima de una montaña que no le resultaba ni remotamente familiar. Al mirar por encima del nido, Cindy no fue capaz de reconocer a qué especie pertenecían los árboles y matorrales que se extendían en la distancia. Incluso el cielo tenía un color diferente, una mezcla de púrpura veteado de gris oscuro, iluminado de manera intermitente por relámpagos distantes.

Y luego estaban los huevos. Había cuatro, se encontraban a su derecha, apoyados unos contra otros para no caerse. Eran amarillos y casi del mismo tamaño que Cindy. Mientras los observaba, el huevo que estaba más cerca de ella comenzó a resquebrajarse por la parte superior.

—Genial. Ahora me convertiré en comida para bebés.

Por suerte, no había ni rastro de la mamá pterodáctilo y Cindy pensó que podría apañárselas con la cría de un dinosaurio. Aunque le preocupaba la posibilidad de que los cuatro rompiesen el cascarón al mismo tiempo y sintió un escalofrío de terror al imaginar a los cuatro recién nacidos rodeándola y arrancándole la carne a picotazos. Además, la madre podía regresar en cualquier momento y herirla de gravedad, para dejarla indefensa. Cindy comprendió que, probablemente, el desmayo era lo único que le había salvado la vida. La mamá pterodáctilo habría considerado que sería un bocado fácil para sus hijos.

La parte superior del huevo acabó de romperse y una pequeña garra asomó al exterior.

La criatura lanzaba débiles chillidos en el interior del huevo.

La única solución era largarse cuanto antes del nido.

Pero la mamá pterodáctilo había pensado en todo y lo había construido tan cerca del borde del pico rocoso que sólo sus enemigos más ágiles serían capaces de robar los huevos. Cindy se puso en pie y concluyó que su única posibilidad era ascender a la cima de la montaña con la esperanza de que hubiese alguna forma de descender por la vertiente opuesta, ya que el lado donde estaba acababa en un pronunciado precipicio.

Ya estaba Cindy aferrada al borde del nido, cuando la primera cría logró salir del cascarón. La pequeña criatura tenía necesidades muy básicas. Estaba viva y quería comer. Se liberó del fluido espectral que envolvía su cuerpo marrón y lanzó un chillido en dirección a Cindy.

«¡Comida!», pareció exclamar. Cindy trataba de darse impulso para salir fuera del nido pero tuvo que dejarlo para defenderse. El pequeño pterodáctilo quería a toda costa un trozo de su pierna. Cindy comprobó horrorizada que se acercaba a ella.

—¡Déjame en paz! —le gritó, sin cesar de lanzarle puntapiés. La pequeña criatura se detuvo en seco pero no retrocedió.

Cindy intentó de no pensar en lo que podría haber ocurrido de no haber recuperado el conocimiento pocos minutos antes. El bebé pterodáctilo, simplemente, se habría dispuesto a comérsela. Como había dicho Sally, casi seguro habría comenzado por el cerebro.

Cindy le lanzó otra patada, pero la horrible criatura tuvo la serenidad suficiente para herirla certeramente en la pierna con una de sus garras. Cindy no podía creer que aquellas pequeñas uñas provocaran un dolor tan intenso y se preguntó si aquellas garras no contendrían veneno. Sin embargo, lo más extraño era que, en realidad, no deseaba causarle daño a aquella pequeña criatura que la estaba atacando, aunque no había duda sobre sus intenciones respecto a ella. Comprendía que estaba en su naturaleza atacar a cualquier ser vivo, que sólo estaba hambrienta. Aunque tampoco se la llevaría a casa para jugar con ella.

Pero ¿dónde quedaba su casa?

Aquéllas no podían ser las montañas que rodeaban Fantasville.

Su forma, las plantas que crecían en sus laderas... todo tenía un aspecto primitivo. Como si la mamá pterodáctilo no sólo la hubiese trasladado a su nido, sino también al pasado... a un pasado muy remoto.

En cualquier caso, su máxima preocupación seguía siendo el presente.

El bebé pterodáctilo trató de arañarla de nuevo y Cindy se vio obligada a golpearle. Le alcanzó de lleno con el pie y la pequeña criatura lanzó un chillido de dolor y retrocedió.

—Te lo tienes merecido —le dijo Cindy—. Así aprenderás a no comer cosas que abultan más que tú.

Cindy se las arregló para salir del nido, y fue a parar a una estrecha cornisa de piedra que discurría a lo largo del pico de la montaña. Pero el precipicio que se abría a sus pies tendría al menos doscientos metros de profundidad. La cabeza le empezó a dar vueltas. Se agarró con desespero a la superficie de roca que la rodeaba. Siempre había sufrido de vértigo. Utilizar el ascensor en un rascacielos era suficiente para provocarle terribles mareos. Tratando de no mirar hacia abajo, Cindy comenzó a avanzar muy despacio por la estrecha cornisa hacia una abertura en la pared del risco que le ofrecía un punto de apoyo, desde donde alcanzar la cima. Detrás de ella, el bebé pterodáctilo continuaba lanzando chillidos. Cindy rogaba por que no estuviera llamando a su mamá.

Sin embargo, eso era justamente lo que la pequeña bestia estaba haciendo.

Cindy comenzó a ascender con precaución, asegurándose de que el peso de su cuerpo quedara totalmente equilibrado a cada paso. No se hallaba muy lejos de la cima, quizás a unos cien metros. Pero fueron los cien metros más largos de su vida. Si miraba hacia abajo, la cabeza le daba vueltas, no obstante, la tentación era superior a ella. En aquellos momentos, ella misma era su peor enemigo. Se repetía constantemente que debía mantener la calma, que podía dar gracias de seguir con vida.

Después de lo que le pareció una hora de ascenso, consiguió coronar la cima de la montaña. Por un momento, el paisaje la dejó sin respiración. Ante ella se alzaba el escenario más exótico que sus ojos habían visto jamás. Colosales cascadas recorrían cientos de metros para caer en enormes estanques de aguas revueltas. Árboles de color púrpura, más grandes que las secuoyas, se erguían hasta casi tocar el cielo con sus gruesas ramas cubiertas de hojas azules.

Descubrió incluso un volcán que lanzaba fumarolas de humo gris hacia la ladera de la montaña. Era el clásico volcán, de forma cónica, con laderas negras y un cráter incandescente de un color rojo brillante. Pero su simple visión le produjo un estremecimiento. Aunque hubiera estado arrojando humo, lava y piedras durante siglos, algo en él provocaba una alarma inmediata. ¿Estaba a punto de entrar en erupción?

—Desde luego esto no es Fantasville —dijo en voz alta.

Pero entonces, ¿dónde estaba?

No tuvo tiempo de buscar una respuesta.

Un sonido terrible, como el sonoro latido que Watch había descrito, se oyó claramente en la distancia. Cindy miró en todas direcciones pero no vio nada. El cielo estaba cubierto de nubes grises y espesas y supuso que su viejo amigo el pterodáctilo estaría oculto tras ellas. El latido se hizo más estridente. Cuando finalmente el monstruo hizo su aparición, se encontraba a menos de cien metros de ella. Cindy comenzó a gritar. No había duda de que había venido en su busca y allí, en la cima, estaba completamente indefensa. Sin embargo, el pterodáctilo pasó volando por encima de ella, y siguió en dirección hacia algo o alguien situado a sus espaldas. Cindy, sin poder evitar la curiosidad, se acercó al borde de la montaña y miró hacia abajo. No alcanzó a ver nada, pero le sorprendió oír algo.

Una voz humana. ¿La llamaban a ella?

4

—¿Eso es un aparatosaurio? —preguntó Adam cuando el chico que viajaba encima del gigantesco animal se hizo visible.

—¿No es Bryce Poole? —preguntó Sally, que era lo que en realidad quería saber.

La respuesta a ambas preguntas era, naturalmente, «sí». ¿Qué otra persona que no fuese el guapo e inquietante Bryce Poole podía llegar al pueblo montando un dinosaurio? Al menos Sally hubiera formulado la pregunta de ese modo. Por su parte, Adam concentró su interés en el dinosaurio. Mediría unos treinta metros de largo y su peso fácilmente excedería las cuarenta toneladas. La tierra temblaba a su paso. Bryce agitó una mano para saludarles cuando el dinosaurio giró su pequeña cabeza gris hacia ellos.

—¡No tengáis miedo! —les gritó—. Es vegetariano.

—¡Eso ya lo sabemos! —contestó Adam—. ¿Pero qué haces encima de él?

—¿No lo veis? —replicó Bryce—. Me dirijo hacia el pueblo. Tengo que convencer a la gente de que estamos en peligro.

—¿No es increíble que Bryce haya podido domesticar a un dinosaurio? —le preguntó Sally con los ojos brillantes.

Adam frunció el ceño.

—Dudo mucho que lo haya domesticado. Yo más bien diría que ese dinosaurio va a donde le da la gana.

—Oh, estás celoso —se burló Sally. Luego sonrió y saludó a Bryce—. ¿Te importaría venir un momento? Necesitamos tu ayuda.

—No es verdad —protestó Adam, recordando la ocasión en que Bryce Poole les había echado una mano cuando se quedaron atrapados en el Rincón Oscuro, al otro lado de la Senda Secreta. Bryce se había largado tan pronto como ellos llegaron a ese horrible lugar. Los dejó en la estacada y se las tuvieron que arreglar solos contra los demonios. Por esa razón, Adam y Watch no confiaban demasiado en él. Pero a las chicas les encantaba y eso ponía aún más furioso a Adam.

—¡Ahora mismo bajo de aquí! —dijo Bryce. Luego susurró algunas palabras al oído del dinosaurio y la enorme bestia bajó la cabeza para que Bryce pudiese deslizarse por su largo cuello hasta el suelo—. ¿Qué es lo que sucede? —preguntó.

—Por si no lo sabes aún, un pterodáctilo acaba de

atacarnos en las colinas —dijo Adam—. Se llevó a Cindy y Watch ha ido a rescatarla.

—Ya lo sé —repuso Bryce—. Lo vi todo cuando regresaba de las montañas.

Adam apenas podía contenerse.

—Y entonces ¿por qué no nos ayudaste?

Sally le interrumpió.

—Bryce nos hubiera ayudado de haber podido. Estoy segura de que estaba demasiado lejos. ¿No es verdad, Bryce?

—Sí —respondió Bryce—. Iba montado al aparatosaurio y no había manera de hacerle correr. —Hizo una pausa—. Confío en que Watch sea capaz de salvar a Cindy. Si yo hubiese estado con vosotros, a Cindy no le habría pasado nada.

—Eso es lo que tú te crees —objetó Adam, asombrado de que Bryce pudiese hablar así sin sonrojarse.

—Adam ha pasado un mal rato —explicó Sally a Bryce—. Tienes que perdonar sus malos modales.

Adam puso los ojos en blanco.

—Ahora resulta que el maleducado soy yo. Todavía no nos has explicado qué estás haciendo encima de ese dinosaurio.

—Sí lo he hecho —protestó Bryce—. Lo quiero llevar al pueblo. Tenemos que movilizarnos ante la invasión.

—¿Qué están haciendo todos estos dinosaurios en Fantasville? —inquirió Sally.

—Se ha producido una distorsión interdimensional entre nuestra era y la de setenta millones de años atrás —explicó Bryce—. Y esa distorsión se encuentra en las montañas.

—Es lo que Watch suponía —dijo Adam.

Bryce sacudió la cabeza.

—Pero lo que Watch no imagina es con lo que se va a encontrar al otro lado de las montañas. No es sólo una puerta que se ha abierto al pasado. Algunos fragmentos de ese pasado se han materializado aquí, en la franja de terreno que rodea Fantasville. Lo que quiero decir es que han aparecido montañas y volcanes de hace setenta millones de años justo detrás de aquellos picos.

—¿Has estado allí? —preguntó Sally, vivamente impresionada.

Bryce adoptó una expresión sombría.

—Sí. He estado estudiando este fenómeno durante los dos últimos días para hallar una solución. Pero hasta ahora no lo he conseguido.

—Estoy segura de que la encontrarás —lo animó Sally con con ojos radiantes.

—Si ya sabías que había dinosaurios hace dos días —se quejó Adam—. ¿Por qué has tardado tanto en avisar a la gente?

—No quería que se desatase el pánico —se justificó Bryce.

Adam estaba a punto de estallar.

—¿Pánico? Pues sí, sentimos un poco de pánico esta mañana cuando ese pajarraco horrible se llevó a Cindy. Si no te hubieras empeñado en resolver este problema tú solo, Cindy probablemente estaría con nosotros ahora.

Bryce asintió de mala gana.

—Tal vez haya cometido un error. Pero he adelantado mucho en estos dos días, aunque no haya podido cerrar esa distorsión interdimensional. Estoy convencido de que podemos usar la Senda Secreta para detener este extraño fenómeno.

—¿Y cómo lo sabes? —preguntó Adam.

—La Senda Secreta no es tan sólo una senda que se comunica con otras dimensiones. También es una puerta que se abre a otras épocas. Estoy convencido de que lo que ha originado esta confusión de tiempos proviene del pasado.

Adam se echó a reír.

—Estás dando palos de ciego. En realidad no sabes más que nosotros de todo este asunto.

—Te equivocas —se defendió Bryce—. Sé mucho más acerca de este fenómeno que cualquiera de vosotros, y eso incluye a Watch. Por ejemplo, sé que para que el tiempo se haya distorsionado de este modo, tuvo que liberarse una enorme cantidad de energía en el pasado, hace unos setenta millones de años. Y también sé que esa explosión, por llamarla de algún modo, debió de producirse en un lugar propenso a fracturas de espacio y tiempo.

—No sé de qué demonios estás hablando —refunfuñó Adam. Y realmente era así.

Bryce continuó explicando pacientemente su teoría.

—La tumba de Madeline Templeton en el cementerio de Fantasville es el lugar que conduce a la Senda Secreta. Y también un foco natural en el que se producen distorsiones espaciales y temporales. Creo que la explosión que estalló en el pasado ocurrió aquí. Y envió unas ondas de distorsión espacio-temporal a nuestro tiempo y espacio.

—Pero has dicho que lo que hay detrás de las montañas es de hace setenta millones de años —protestó Adam—. El cementerio está de este lado de las montañas. No veo la relación, entonces.

—La puerta de la Senda Secreta está aquí ahora —dijo Bryce—. ¿Pero dónde estaba hace setenta millones de años? Desde entonces continentes enteros se han desplazado. Yo diría que en el pasado, el cementerio y lo que hay al otro lado de esas montañas se superpusieron. Y voy a usar la Senda Secreta para retroceder en el tiempo y evitar la explosión.

—¡Qué plan tan extraordinario! —exclamó Sally.

—¿Y mientras tanto se te ocurrió montar un dinosaurio para ir al pueblo? —preguntó Adam, asombrado por la tranquilidad de Bryce y su sangre fría. A pesar de sí mismo, Adam se sentía impresionado por la lógica de Bryce Poole.

Bryce respondió con semblante grave.

—Es posible que mi plan fracase y que muera. Ya te he explicado dos veces por qué monto este dinosaurio. ¿Por qué no me crees?

—Adam sufre un grave problema de autoestima

—se burló Sally—. Sus desagradables comentarios forman parte de un mecanismo de defensa.

—Está bien, te creo —admitió Adam a regañadientes—. Pero sospecho que no necesitas montar un dinosaurio para advertir a la gente del peligro que corremos. Me da la impresión de que algunos dinosaurios llegarán al pueblo antes que nosotros, sobre todo si seguimos aquí, perdiendo el tiempo en discusiones. Además, sigo pensando que es una locura que te ocupes tú solo de resolver este problema. Podríamos ayudarte.

—No quiero que corráis ningún peligro —explicó Bryce—. Si algo os sucediera, nunca podría perdonármelo.

—Yo te perdonaría —dijo Sally.

Adam volvió a fruncir el ceño.

—Ann Templeton sabe más de la Senda Secreta que nadie y es una bruja con enormes poderes. Puesto que todo Fantasville está en peligro, propongo que vayamos a su castillo a pedirle ayuda.

—Eso nos hará perder tiempo —protestó Bryce.

—No mucho —contestó Adam—. El castillo y el cementerio están muy cerca. No puedes estar tan seguro de ti mismo como para no necesitar su ayuda —añadió Adam.

—Algunos héroes trabajan mejor solos —señaló Sally.

Bryce asintió.

—No es que me importe contar con la ayuda de

otros. No soy un egocéntrico, me da igual lo que tú piensas, Adam. Es sólo que no quiero que muera más gente.

—Cindy podría estar viva —le recordó Adam—. No nos vamos a dar por vencidos tan pronto.

—Lo entiendo —dijo Bryce y luego se volvió hacia el dinosaurio, que parecía estar esperándole—. Podemos regresar todos al pueblo a lomos de Sara.

Sally corrió a reunirse con Bryce.

—¿Le has puesto mi nombre? Mi verdadero nombre es Sara Wilcox.

Bryce se encogió de hombros.

—Tal vez haya sido mi subconsciente.

—No puedo creerlo —musitó Adam.

5

A Watch le extrañó que la estrecha carretera acabara en una especie de bosque primitivo y comprendió de inmediato que tendría que corregir su teoría acerca de una puerta que comunicaba con el pasado. Esa puerta no sólo se había abierto sino que al menos una parte de ese pasado había viajado a través de ella.

Sin embargo, tuvo suerte de seguir conduciendo el todoterreno a pesar de que la carretera había desaparecido debajo de los neumáticos. Durante algunos minutos, el vehículo se mantuvo sobre un terreno relativamente plano. Sin embargo, podía ver cómo, en la distancia, los altos y escarpados picos se acercaban entre sí cada vez más. Watch sospechaba que era allí adonde el pterodáctilo se había llevado a Cindy y condujo el todoterreno hasta el pie de la montaña. Poco después, se encontraba subiendo a pie la escarpada ladera. Había seis picos donde elegir y él optó por el más próximo a él.

Llevaba unos treinta minutos de laborioso recorrido cuando vio y oyó algo de manera casi simultánea. En mitad de su ascenso, descubrió lo que parecía ser un enorme nido. Y por encima del nido, más allá de las nubes grises y bajas que cubrían el cielo, volvió a escuchar el extraño latido que antes había asociado con el inminente ataque del horrible pajarraco. Por lo tanto no se sorprendió en absoluto cuando la enorme criatura surgió de entre las nubes y se lanzó en picado hacia él.

Lo que sí le sorprendió, y le produjo una extraordinaria sensación de alivio, fue divisar a Cindy, sana y salva, en la cima de la montaña.

Agitó los brazos.

—¡Cindy! —gritó.

Ella le devolvió el saludo.

—¡Watch! ¡Ten cuidado!

El pterodáctilo continuaba acercándose a toda velocidad. Tal vez se acordaba del episodio de la cueva. El chillido que salía de su pico alargado no hacía presagiar nada bueno. Por un momento, Watch permaneció inmóvil, sin saber qué hacer. Echó un vistazo a su alrededor y comprobó que no había ningún palo con el que defenderse. Pero sí localizó varios refugios posibles. El problema era que, si se escondía, Cindy quedaría expuesta al ataque del pterodáctilo. No, pensó. Era necesario hacer frente a aquel monstruo y causarle una herida de la que no pudiera recuperarse fácilmente.

El pterodáctilo volvió a lanzar un agudo chillido. Estaría sobre él en cuestión de segundos.

A su izquierda, Watch vislumbró la entrada a una cueva. Aunque no se trataba de una cueva ordinaria, sino que formaba una especie de recoveco en la ladera del risco. En otras palabras, podía entrar por allí y salir cincuenta metros más arriba. A Watch se le ocurrió que si conseguía que el pterodáctilo le persiguiera hasta la entrada, le sería posible escabullirse hacia la salida y atacar al pajarraco desde arriba.

Por supuesto, no tenía la menor idea de con qué iba a atacarle.

En aquel momento se arrepintió de no haber ido al pueblo en busca de un arma.

Watch agitó una mano para provocar a la criatura que se acercaba por el aire.

—¡Estoy aquí! —gritó—. ¡A ver si me coges, bicho asqueroso!

—¡No hagas eso! —exclamó Cindy desde la cima—. ¡Escóndete!

Watch se acercó hacia la cueva pero esperó hasta el último segundo para deslizarse al interior. Apuró el tiempo al máximo. De hecho, notó que le rozaban las alas del pterodáctilo justo en el momento de colarse por el agujero que se abría en la pared del risco. Tuvo suerte de que el pterodáctilo dedicara un momento a examinar el terreno, una vez hubo tomado tierra. Durante aquellos minutos, Watch se las arregló para atravesar la cueva y volver a aparecer por el extremo opuesto a unos cincuenta metros por encima de la bestia. Para alegría suya, descubrió una enorme piedra justo encima de la entrada de la cueva. Si conseguía hacer rodar la piedra y que cayese sobre la cabeza del pterodáctilo, todo habría terminado y Cindy y él podrían regresar a casa.

El único problema fue que, al mirar hacia abajo, el pterodáctilo había desaparecido.

Se había metido en la cueva.

Watch se giró, casi esperando encontrar al monstruo a punto de saltar sobre su espalda. Lo que vio lo sobrecogió. El pterodáctilo le había seguido por el interior de la cueva e incluso había logrado casi llegar hasta donde él se encontraba.

Pero el hambriento pterodáctilo había cometido un fallo: en el último tramo, la cueva se estrechaba, lo bastante como para impedir el paso de un monstruo gigante como aquél. El pajarraco podía verle pero no podía alcanzarle. Watch se echó a reír.

—Ahora sabrás lo que se siente al estar atrapado —se burló Watch, mientras se agachaba a coger una piedra.

El pterodáctilo no estaba atrapado exactamente, puesto que podía retroceder. Y eso era precisamente lo que Watch quería, porque de ese modo le sería posible hacer rodar la enorme piedra hacia él.

Por esa razón comenzó a arrojarle piedras a la cabeza.

Al pterodáctilo no le gustó nada aquello. Sus chillidos se volvieron más agudos y estridentes.

—¡Watch! —lo llamó Cindy desde las alturas.

—¡Ahora le tengo donde quería! —le contestó Watch.

Unos minutos más tarde, alcanzó plenamente su objetivo.

El pterodáctilo se cansó de recibir pedradas en la cabeza y comenzó a retroceder por el estrecho túnel para volver a aparecer un minuto más tarde, justo debajo de Watch que ya lo estaba esperando; debía actuar deprisa. Justo en el momento en que el pterodáctilo asomó de nuevo la cabeza, Watch empujó la enorme piedra con todas sus fuerzas. La posición que ocupaba su presa no podía ser más acertada.

El pterodáctilo lanzó un gruñido escalofriante, cuando la pesada roca le dio en la cabeza.

Por un momento, Watch pensó que lo había matado y, sin saber muy bien por qué, se sintió mal. Después de todo, el pterodáctilo había estado intentando matarles durante todo el día. Pero luego descubrió que la bestia seguía con vida. El terrible golpe en la cabeza sólo lo había dejado sin conocimiento. La roca había ido a parar a un costado del pterodáctilo y observó que la bestia aún respiraba, si bien un hilo de sangre caía por un lado de su monstruosa cabeza. Watch dedujo que, muy pronto, recuperaría el conocimiento y se pondría realmente furioso. Tenía que largarse de allí cuanto antes.

Mientras ascendía hacia la cima de la montaña para reunirse con Cindy, no perdía de vista el volcán cercano. Por la cantidad de humo y piedras rojas que lanzaba al aire, era posible deducir que estaba a punto de entrar en erupción, lo cual le hizo cuestionarse si el volcán no guardaría alguna relación con aquel extraño fenómeno que había comunicado dos épocas tan distantes entre sí. Porque Watch sabía muy bien, a pesar de lo que Sabelotodo Bryce Poole le había dicho a Adam, que tiempo, espacio y energía estaban estrechamente relacionados. De hecho, antes de llegar hasta donde se encontraba Cindy, Watch había cambiado de parecer. Ya no quería abandonar aquella época primitiva. Al menos, no hasta conocer mejor las causas que habían provocado su aparición setenta millones de años más tarde. Estaba dispuesto a correr los peligros previsibles que entrañaban aquellos bosques y montañas, para llegar a la verdad.

Podía imaginar la cara que pondría Cindy cuando se lo dijese.

6

Cuando Adam, Sally y Bryce llegaron al castillo de Ann Templeton, contemplaron horrorizados que éste estaba siendo atacado por un tiranosaurio de treinta metros de largo. El más famoso de todos los dinosaurios, y sin duda el más temido, se hallaba sumergido en las aguas del foso que rodeaba la fortaleza de la bruja. Al divisar al monstruo, Sara, el obediente aparatosaurio, se volvió rápidamente y trató de escapar. Pero Bryce se las arregló para convencerle de que antes les dejara en tierra. Por suerte, el tiranosaurio no los vio, ni a Sara ni a ellos. Los tres se ocultaron detrás de unos matorrales y observaron espantados cómo el enorme dinosaurio continuaba su ofensiva contra el castillo perteneciente a la persona más poderosa de Fantasville.

—¿Todavía quieres ir a pedirle ayuda a la bruja? —preguntó Bryce.

—Estoy convencido de que Ann Templeton puede controlar a esa criatura —replicó Adam sin inmutarse, aunque tenía serías dudas al respecto.

Los rugidos del tiranosaurio hacían que los chillidos del pterodáctilo bajaran a la categoría de susurros. Los cocodrilos que infestaban el foso atacaban con furia al enorme monstruo, pero para el tiranosaurio no pasaban de ser un simple engorro. Sólo tenía que pisarles con sus impresionantes patas y los pobres cocodrilos pasaban a la historia. El tiranosaurio parecía del todo decidido a entrar en el castillo. Iba desmontando su estructura ladrillo a ladrillo. Para asombro de Adam, Sally se mostró encantada con el espectáculo.

—Creo que esta vez esa bruja se ha encontrado con la horma de su zapato —exclamó con una expresión de alegría. Adam se enojó con ella.

—¿Cómo puedes ponerte de parte del dinosaurio? Ann Templeton nunca te ha hecho nada.

—¿Es que ya te has olvidado de que nos encerró en su castillo y nos torturó? —inquirió Sally.

—No nos torturó —replicó Adam con impaciencia—. Ella quería que viviésemos una aventura. Eso es todo.

—Sí. Lo más divertido fue cuando nos atacaron sus arañas venenosas —replicó Sally.

—¡Mirad! —les gritó Bryce—. Está enviando a sus trols.

Era verdad. Un pequeño escuadrón de trols había hecho su aparición en la parte superior del castillo.

Iban armados con arcos y flechas, que no hicieron sino aumentar la furia del tiranosaurio cuando se clavaron en su lomo.

El monstruo alzó la cabeza y cogió a un trol con aquella boca llena de dientes que medían casi medio metro de largo. No le dio ninguna oportunidad. La bestia lo trituró en pocos segundos y ahogó sus gritos desesperados antes casi de que empezaran. Sus piernas aún se agitaban cuando el monstruo se lo tragó. Sally ocultó el rostro entre las manos con una expresión de terror.

—Tienes razón, Adam —susurró—. No puedo ponerme de parte de esa bestia asesina.

El tiranosaurio devoró a unos cuantos trols más, antes de que éstos se batieran en retirada hacia el interior del castillo. Aquellos pobres desgraciados fueron triturados igual que el primero y sus escalofriantes alaridos de dolor helaron la sangre de Adam. No podía dejar de pensar en Cindy.

—Creo que la bruja no tiene escapatoria —sentenció Bryce.

—Eso, lo veremos —replicó Adam sin demasiada convicción.

El tiranosaurio continuaba su embestida contra los muros del castillo. Pero entonces, desde la torre más alta, surgió una lengua de fuego verde. Adam alcanzó a ver la figura de Ann Templeton recortándose contra una de las ventanas y lanzando todo su poder contra aquella bestia amenazadora.

El poder de la llamarada verde alteró aún más los ánimos del tiranosaurio que embistió contra el castillo con mayor ímpetu. Ann Templeton levantó una vez más el brazo. Una segunda lengua de fuego brotó de la torre del castillo. Esta vez era de color azul y traspasó la hasta hacía poco inmune piel de la bestia. En esta ocasión el tiranosaurio sintió dolor... y miedo.

Un corte extenso y profundo se abrió en la dura coraza de su piel. En lugar de persistir en su ataque, el tiranosaurio dio media vuelta y enfiló hacia el pueblo. Desde la distancia Adam oyó gritos humanos y no se atrevió a imaginar la suerte que aquellos infelices correrían. Junto a él, Bryce asintió con respeto a pesar suyo.

—Ann Templeton lo ha derrotado —reconoció—. Pero no podrá con todos los dinosaurios. Si queremos cerrar la puerta que les permite entrar en nuestro mundo, no nos queda más remedio que atravesar ahora mismo la Senda Secreta.

—No podemos llegar a la Senda Secreta sin cruzar primero todo el pueblo —le recordó Adam.

—No será necesario, conozco un atajo —anunció Bryce.

—¿Qué? —dijo Adam.

—No pienso decirte cómo lo consigo —contestó Bryce—. Sólo tenéis que seguirme, si es que os atrevéis, y viajaremos setenta millones de años en el tiempo.

—¿Por qué no me quieres decir cómo lo haces? —insistió Adam.

—Porque tú no confías en mí y yo tampoco confío en ti —respondió Bryce con tranquilidad—. Venga, será mejor que vayamos al cementerio antes de que el tiranosaurio regrese.

Adam vaciló.

—Todavía quiero ir a hablar con Ann Templeton.

En la distancia se oían más gritos.

Todo hacía suponer que el tiranosaurio se estaba dando un auténtico festín.

¿Y quién podía saber a ciencia cierta cuántos tiranosaurios andaban sueltos por ahí?

Bryce estaba impaciente.

—¿Cuánta gente tiene que morir antes de que consigas hablar con todo el pueblo?

—Bryce tiene razón, Adam —le reprochó Sally—. Hay que actuar ya, o muy pronto no quedará nada que salvar en Fantasville.

Adam reflexionó durante unos instantes.

—Si viajamos en el tiempo y resolvemos el problema, todos los muertos y heridos que ahora hay no se habrán producido. Lo que quiero decir es que si somos capaces de corregir el pasado, solucionaremos el presente.

—Entonces, ¿dará igual cuánta gente muera? —preguntó Sally—. ¿Volverán a la vida si conseguimos rectificar el pasado?

Adam asintió.

—Tengo que ver a Ann Templeton.

Bryce le miró fijamente y asintió.

—Tu teoría tiene lógica, Adam. Podría ser cierta. ¿Pero estás dispuesto a poner en peligro a Cindy, y a todo el pueblo, por una teoría?

Era la pregunta del millón.

Y Adam no estaba seguro de la respuesta.

7

Mientras se dirigían hacia el volcán, Cindy no le impidió a Watch que explorase los alrededores. Cindy le estaba tan agradecida, que le aseguró que, hiciera lo que hiciese, no se apartaría de su lado. Watch pensó que Cindy era genial, para ser una chica, claro. aunque, de hecho, apenas si empezaba a conocer a las chicas. No eran igual a ellos, no señor.

Cuando estuvieron más cerca del volcán, Watch se percató de que había estado viendo algo sin ser consciente de ello. El volcán le había atraído hacia él, pero entonces se dio cuenta de que una parte de su cerebro ya había asimilado qué era en realidad aquello que resplandecía en la base del volcán. Debía procurarse unas gafas nuevas y más potentes o bien fiarse más de su intuición.

Había un platillo volante posado cerca de la base del volcán.

Era plateado y brillante, sin embargo su forma

era distinta a la de los platillos volantes que habían visto cuando su amigo Elkwee 12 les hizo una visita desde el futuro. Por otro lado, aquel platillo era mucho más grande y alto que ancho.

Watch sospechaba que pertenecía a una raza distinta de seres y Cindy, por supuesto, se preguntaba si vendrían en son de paz.

—¿Qué estarán haciendo aquí? —dijo Cindy.

—Aquí y en esta época —añadió Watch.

Cindy percibió un tono extraño en su voz.

—¿Qué quieres decir con eso de «esta época»? ¿Que hemos retrocedido en el tiempo?

Watch se encogió de hombros.

—Eso parece.

Cindy le sujetó de un brazo, obligándole a detenerse.

—Espera. Estoy hecha un lío. Yo creía que este lugar había llegado del pasado y se había superpuesto a nuestro tiempo. Pero que todavía estábamos en el presente.

Watch se quitó sus gruesas gafas y las limpió en el pantalón. Su camisa había sido sacrificada cuando improvisaron la antorcha con la que lucharon contra el pterodáctilo en la cueva. La elevada humedad de la zona hacía que se le empañasen los cristales. Volvió a colocárselas y examinó el área circundante. Esperaba ver un dinosaurio en cualquier momento.

—Tal vez traspasamos la puerta del tiempo cuando vinimos aquí —aventuró Watch—. O a lo mejor estamos aún en el presente. No lo sé. Pero no puede ser una coincidencia que esa nave espacial esté aquí. Tiene que estar relacionada con esta invasión de dinosaurios.

—¿Piensas que esos alienígenas son los responsables de este agujero en el tiempo?

—Es posible. Aunque tal vez están aquí justamente para impedirlo.

Cindy parecía confundida.

—Seguro que ellos están detrás de todo esto. No hay otra explicación.

Watch señaló el volcán.

—No lo sabremos si no vamos. —Echó a andar nuevamente—. No está muy lejos.

En realidad, llegaron al platillo volante media hora más tarde, pero no había nadie en casa. Gritaron e incluso golpearon la superficie brillante de la nave, nada. Sin embargo, en las proximidades había una oscura cueva que muy bien podía llevar hasta el corazón del volcán. Pero justo cuando se diponían a entrar en ella, la tierra tembló y una enorme nube de vapor se elevó hacia el cielo. La nube iba acompañada de una inquietante luz roja, que, obviamente, procedía del fuego que rugía en las profundidades del volcán. Cindy empezaba a tener serias dudas sobre aquella exploración. Señaló la entrada de la cueva.

—Allí debe hacer un calor terrible —dijo—. El volcán parece a punto de entrar en erupción. ¿Crees que es una buena idea entrar en un volcán en erupción?

—Explorar una cueva volcánica siempre es peligroso, y más ésta que podría estar llena de alienígenas —reconoció Watch—. Pero pienso que también sería peligroso regresar a Fantasville sin haber resuelto este misterio. Por lo que sabemos, a lo mejor el pueblo está siendo atacado por los dinosaurios en este mismo momento. Es posible que ya haya docenas de muertos.

Cindy volvió a mirar la negra boca de la cueva.

—Todo esto me da mala espina.

—Puedes quedarte fuera si quieres. Te prometo que no se lo diré a Sally.

Cindy sonrió.

—No me importa lo que piense Sally. ¿Qué dijo cuando el pterodáctilo me llevó con él?

—Lloró.

—¡No!

—De verdad. Estaba destrozada.

Cindy sacudió la cabeza con una expresión de incredulidad dibujada en el rostro.

—De modo que lo único que debo hacer para caerle bien es morirme. Curioso, ¿no?

—Sucede lo mismo con la mayoría de la gente. —Watch hizo un gesto hacia la cueva—. Será mejor que entremos. No me sorprendería que el volcán comenzara a escupir lava en cualquier momento.

Cindy le siguió.

—Pero entonces no podremos volver al exterior —le advirtió.

En el interior de la cueva hacía un calor de mil demonios. Si la temperatura hubiese sido sólo unos grados más elevada, se les hubieran formado ampollas en la piel. Además, el aire estaba saturado de gases sulfurosos. Trataron de contener la tos porque no querían que los alienígenas se percataran de su presencia en la cueva, aunque les resultaba casi imposible respirar con normalidad. Cindy empezó a marearse y la visión de Watch se volvió borrosa. Sin embargo, los dos continuaron la marcha porque eran de Fantasville y estaban acostumbrados a vivir insólitas aventuras para salvar al mundo.

Aproximadamente cincuenta metros más adelante, la cueva se dividía en tres direcciones. Les recordaba a la Cueva Embrujada. No sabían qué túnel seguir. Cindy creyó oír voces que procedían del túnel del medio, aunque no estaba del todo segura. Watch dijo que él no oía nada.

—Quizá sería mejor acercarnos por el lateral y ver lo que están haciendo antes de presentarnos —propuso Watch.

Cindy asintió.

—¿Entonces, por qué no seguimos por el túnel de la derecha? A lo mejor hace una curva y se une a los otros.

—Bien pensado —dijo Watch.

Ya llevaban unos cuantos minutos en el túnel cuando Cindy le preguntó a Watch:

—¿Te pusiste muy triste cuando ese pterodáctilo me arrancó de vuestro lado?

—He venido a rescatarte, ¿no?

Cindy se inclinó hacia delante y le abrazó con fuerza.

—Tal vez tú deberías ser mi novio en lugar de Adam.

Watch estaba atónito.

—¿Adam es tu novio?

Cindy lo meditó unos segundos.

—Bueno, sí, algo así.

—¿Él lo sabe?

Cindy frunció el ceño.

—Puede que no. ¿Crees que debería decírselo?

Watch negó con la cabeza.

—No. ¿Por qué estropear una relación perfecta?

El túnel desembocó finalmente en una gran cámara subterránea. Tenían claridad suficiente para ver, porque todo el lugar estaba iluminado por charcas de lava incandescente y por las luces instaladas por los alienígenas. Y se dieron cuenta de que no estaban solos.

Había cuatro alienígenas, todos ellos trabajando alrededor de una caja de metal del tamaño de un escritorio de oficina. Los alienígenas podrían haber pasado perfectamente por seres humanos, de no ser por sus trajes plateados y brillantes y sus largas cabelleras blancas. Pero aunque el pelo era canoso, ninguno de ellos parecía pasar de los treinta. De hecho, eran muy guapos, tenían la piel clara y grandes ojos azules. Llevaban cinturones metálicos donde portaban unos artefactos para comunicarse y armas de mano. Fueron precisamente esos instrumentos de alta tecnología los que hicieron dudar a Watch de si debía hablar con ellos. Se inclinó y susurró al oído de Cindy:

—Parecen inofensivos. Pero van armados. Además, no sabemos qué hay en esa caja de metal.

—¿No quieres hablar con ellos? —le preguntó Cindy.

—Quiero ver lo que hacen antes de tomar una decisión.

—¿Qué crees que pueda haber en esa caja?

Watch se encogió de hombros.

—Podría ser un ordenador. O tal vez una bomba.

Cindy se quedó boquiabierta.

—¿Una bomba? ¿Insinúas que intentan hacer estallar el volcán?

—Es posible.

—¿Podría ser la erupción del volcán la causante de esta grieta en el tiempo?

Watch dudó.

—Una enorme explosión producida en el pasado no tiene por qué afectar al presente. A lo largo del tiempo se han producido terribles explosiones en todo el mundo. Pero tal vez esta explosión sea diferente.

—¿En qué? —preguntó Cindy.

—No lo sé.

—Pero, entonces, deberíamos detenerles.

—Supongo —contestó—. Aunque yo preferiría esperar y no adelantar acontecimientos.

—¿Pero a qué vamos a esperar?

—A que suceda algo —contestó Watch simplemente.

Y, en efecto, algo sucedió a los pocos minutos, algo horrible. Sin advertencia previa, unos rayos láser de color rojo surgieron del extremo más alejado de la cámara volcánica. Dos de los alienígenas cayeron fulminados al suelo con una expresión de intenso dolor. Los otros dos huyeron hacia donde estaban escondidos Cindy y Watch. No parecían dispuestos a dejarse vencer fácilmente. Mientras huían abrieron fuego con sus armas, y Watch y Cindy oyeron un gemido de dolor procedente del otro lado de la cueva, donde se ocultaba el supuesto enemigo.

Sin embargo, los dos alienígenas que quedaban con vida, los dos que Watch y Cindy todavía podían ver, lo tenían bastante difícil. En la cámara no había ningún lugar donde atrincherarse y, antes de que pudieran llegar al túnel, fueron alcanzados en el pecho por sendos rayos surgidos de la oscuridad. Quedaron tendidos en el suelo con los rostros desfigurados por el dolor que les devoraba las entrañas. Sin embargo, sus ojos permanecían abiertos... aunque sin vida. Cindy volvió el rostro, horrorizada ante aquel espectáculo.

—Les han asesinado a sangre fría —protestó conmovida.

—Sí —corroboró Watch.

Los atacantes aún no se habían hecho visibles, y

el último alienígena en morir cayó abatido cerca de donde se encontraban Cindy y Watch. Pero Watch tenía miedo de acercarse a buscar la pistola de rayos láser y exponerse a otro ataque de aquellos enemigos invisibles. Fue una sabia decisión ya que, un minuto más tarde, otros cuatro alienígenas aparecieron en la cámara volcánica.

También su aspecto era semejante al de los humanos, aunque con la cabeza bastante más grande y completamente calvos. Sus ojos también eran diferentes, más parecidos a ranuras negras abiertas al vacío que a órganos de visión. Iban vestidos con uniformes negros y se movían con agilidad por la cámara volcánica comprobando que sus cuatro enemigos estuvieran bien muertos.

—Yo diría que no son de fiar —susurró Cindy.

Watch no estaba seguro de ello.

—¿Por qué? ¿Porque son más feos que los otros?

—No. Ya has visto cómo les han matado: a traición.

—Es posible que sean enemigos. Los primeros también habrían matado a estos tíos de negro si hubieran podido.

Cindy sacudió la cabeza.

—No lo creo. Ninguna raza civilizada mataría de ese modo, sin aviso.

—Es una opinión. ¿Pero cuál de estas razas es la más civilizada? Mira, no sabremos nada hasta que no averigüemos qué es lo que contiene esa caja de metal y para qué sirve.

—¿Para provocar una grieta en el tiempo? —preguntó Cindy.

—O para evitarla —le recordó Watch.

Cindy estaba ansiosa.

—¡Tenemos que hacer algo!

Watch asintió con expresión sombría.

—Ya lo sé. Pero después de haber visto cómo estos tíos se cargaban a sus enemigos, la verdad, no me apetece mucho presentarme ante ellos. Vamos a esperar un poco más, a ver si la situación da otro giro.

Y así fue. Unos minutos más tarde, la situación cambió de forma imprevisible. Watch y Cindy repararon en un extraño brillo de luz que iluminaba una de las paredes del túnel situada detrás de ellos. Por un momento, temieron que los alienígenas les hubiesen rodeado y estuvieran disparando contra ellos. Pero ése no era el caso porque, un momento después, el brillo se desvaneció y aparecieron Bryce y Sally. Watch y Cindy corrieron hacia ellos.

—¿Qué estáis haciendo aquí? —preguntó Cindy.

—¡Cindy! —exclamó Sally, estrechándola entre sus brazos—. ¡Pensaba que habías muerto!

—¡Silencio! —susurró Watch—. Hay un grupo de alienígenas muy cerca de aquí. Están armados y son muy peligrosos. No podemos delatarnos.

—Gracias por preocuparte por mí —dijo Cindy, palmeando a Sally en la espalda. Sin embargo, Sally se sintió súbitamente incómoda. Se separó de Cindy y se pasó las manos por la blusa.

—No hay para tanto —dijo.

—Háblame de esos alienígenas —le pidió Bryce a Watch.

Pero Watch pasó por alto sus palabras.

—Primero dime cómo habéis conseguido llegar hasta aquí.

—Hemos atravesado la Senda Secreta —explicó Sally—. Bryce sabe cómo usarla para trasladarse en el tiempo. Adam decidió quedarse en Fantasville y hablar con Ann Templeton.

Cindy se volvió hacia Watch.

—Entonces hemos retrocedido en el tiempo.

Watch asintió.

—Al venir a este lugar, atravesando las montañas, hemos pasado a través de la distorsión en el tiempo sin saberlo.

—Necesito saber qué está pasando aquí —insistió Bryce impaciente.

Watch y Cindy les explicaron lo que había sucedido entre los dos grupos de alienígenas, la batalla, y la gran caja metálica que había en la cámara volcánica. Bryce les escuchó con atención y cuando hubieron terminado el relato, se quedó pensativo durante unos minutos, con los ojos cerrados. Cuando volvió a abrirlos, continuó con su interrogatorio.

—¿Vosotros diríais que este nuevo grupo de alienígenas trataba de impedir el funcionamiento de esa caja metálica? —inquirió.

—¿Cómo vamos a saberlo? —se quejó Cindy—.

Son unas criaturas horribles... eso es todo lo que sabemos.

—Sospecho que estos nuevos alienígenas han venido para destruir la caja metálica —aventuró Watch—. O, al menos, para impedir lo que el primer grupo de alienígenas tenía pensado hacer.

—¿Por qué lo dices? —preguntó Bryce.

—Los alienígenas guapos parecían estar montando ese artefacto —le explicó Watch—. Y los otros alienígenas tenían toda la pinta de querer desactivarlo.

—¿Pero qué es ese artefacto exactamente? —quiso saber Sally.

—Haría falta un poder inmenso para alterar el tiempo —dijo Bryce—. Aunque reuniéramos todas las bombas nucleares de que disponemos, su potencia jamás podría equipararse a la de una enorme erupción volcánica. Por eso, creo que la erupción de este volcán es una clave para explicar la formación de esa distorsión en el tiempo que existe entre esta época y la nuestra. —Hizo una pausa—. Me temo que esa caja de metal que has descrito es una bomba y que fue colocada aquí por el primer grupo de alienígenas para que el volcán entre en erupción y provoque la distorsión en el tiempo.

—¿Entonces crees que esos horribles alienígenas están aquí para impedir la distorsión en el tiempo? —preguntó Sally.

Bryce dudó.

—No veo otra explicación. Yo diría que tiene sentido.

Sally se sintió aliviada.

—Bueno, pues ahora ya podemos largarnos de aquí y regresar a nuestro tiempo. Esos horribles alienígenas ya se han hecho cargo del problema.

—Estoy de acuerdo —dijo Bryce.

Watch sacudió la cabeza.

—Pero ¿y si es justo lo contrario? También podría ser que este artefacto hubiera sido traído aquí por el primer grupo de alienígenas para impedir que el volcán entrara en erupción.

—Es una posibilidad —reconoció Bryce—. Aunque poco probable. Yo creo que hay más indicios de que ese artefacto sea utilizado para provocar la explosión que no para impedirla.

—¿Y por qué la explosión volcánica habría de causar una distorsión en el tiempo? —le preguntó Watch.

—Porque este volcán está situado exactamente en el mismo lugar que ocupa la tumba de Madeline Templeton en nuestra época —explicó Bryce—. Este lugar es muy inestable en lo referente a tiempo y espacio.

Watch estaba impresionado.

—Es muy posible que la vieja bruja se hiciera enterrar en ese lugar precisamente por eso.

—¿Y por qué iba a hacer semejante cosa? —inquirió Cindy.

—Tal vez para volver a la vida después de muerta —respondió Watch.

—Eso es lo de menos ahora —atajó Sally—. Si Bryce dice que esos horribles alienígenas se han hecho cargo del problema, yo le creo. Larguémonos de aquí.

—Pero no podemos irnos hasta no estar seguros —protestó Watch.

Las sombras de la cueva se agitaron levemente.

Y apareció una figura vestida de negro con dos ranuras por ojos.

La extraña criatura les apuntó con un arma de aspecto escalofriante.

—Vaya —dijo Sally—. Me parece que no iremos a ninguna parte.

8

Adam estaba en el interior del castillo de Ann Templeton, sentado en lo que suponía que era una sala de estar. Había una gran mesa flanqueada por sillas. Una fila de antorchas encendidas partía de la enorme sala y se extendía por un estrecho pasillo de piedra. En la estancia no había ningún otro mueble y tampoco rastros de los repugnantes trols.

Tal como había sucedido la vez anterior que había entrado en el castillo de la bruja, Adam no estaba seguro de cómo había pasado de una habitación a la siguiente. Las puertas parecían abrirse y cerrarse al antojo de Ann Templeton.

Ella le esperaba en la puerta principal.

Y aunque el castillo acababa de ser violentamente atacado por un dinosaurio asesino, y ella había perdido a muchos de sus fieles trols, la bruja no se mostraba alterada. De hecho, todo parecía indicar que había disfrutado de su encuentro con el tiranosaurio. Ann

Templeton se sentó en una de las sillas situada en un extremo de la mesa, directamente frente a él, y en sus labios se dibujó una sonrisa divertida. Estaba tan bella y radiante como siempre, con su larga cabellera negra como ala de cuervo y sus increíbles ojos verdes. Llevaba una bata larga de color rojo y una gruesa gargantilla de oro con una gran esmeralda en medio.

—Te extraña que no esté disgustada —dijo ella.

—Sí. ¿Es que puede leerme la mente? —preguntó Adam.

—Sí. Pero no te preocupes. Tienes una mente muy lúcida, Adam. Llegarás muy lejos.

Adam sacudió la cabeza.

—No sé si llegaré muy lejos. Por lo pronto, si no hacemos algo, hoy mismo podríamos acabar todos muertos. —Hizo una pausa—. ¿Puede ayudarnos a librarnos de los dinosaurios?

—No.

Eso era lo que Adam se temía.

—Pero usted es tan poderosa —insistió—. Puso en fuga a ese terrible dinosaurio.

—Sólo conseguí asustarle, no pude matarle. Además, en este momento hay un buen número de dinosaurios deambulando a sus anchas por las calles de Fantasville. ¿No esperarás que me enfrente a todos ellos?

Adam se sentía desgraciado.

—No irá a permitir que destruyan el pueblo. Éste es su hogar.

Ann Templeton se echó a reír.

—No te pongas trágico. El pueblo no necesita mi intervención para salvarse. ¿Qué me dices de tus amigos? Están muy atareados tratando de corregir esta distorsión del tiempo.

—¿Ha sido eso lo que ha permitido que los dinosaurios invadan Fantasville?

—Sí.

Adam hizo una pausa.

—¿Sabe si Cindy está bien?

Ann Templeton lo miró con simpatía.

—Temes que ese pterodáctilo pueda haberla matado, ¿verdad?

Adam asintió.

—Hicimos todo lo posible por salvarla, pero ese horrible pajarraco era demasiado grande y malvado.

—Sé que lo intentásteis —dijo Ann Templeton.

La bruja se llevó una mano a la frente y, por un momento, cerró los ojos y respiró agitadamente. Luego volvió a abrirlos y los clavó en él. Cuando habló lo hizo en un tono suave aunque no por ello menos solemne.

—Cindy está viva pero sigue en peligro. Todos tus amigos lo están.

Adam dio un brinco.

—¡He de ir a rescatarles!

Ella le hizo un gesto para que volviera a sentarse.

—Aún no. Has venido a visitarme por una razón. ¿De qué se trata?

Adam volvió a sentarse.

—Quería que me ayudara a echar a esos dinosaurios de Fantasville.

—Y también que te aconsejara. Eso sí puedo hacerlo. ¿No comprendes que no puedo estar todo el tiempo corriendo detrás vuestro para salvaros? Debéis hacer frente a los peligros de Fantasville vosotros solos, como habéis hecho hasta ahora. Es la única forma de que lleguéis a estar preparados.

Adam no entendía nada.

—¿Preparados para qué?

Ann Templeton sonrió.

—Para que sepas afrontar el destino incomparable que te aguarda. Al igual que tus amigos. Pero, de momento, no diré nada más. Si lo hago, echaría a perder la sorpresa.

Adam estaba atónito. Ni siquiera estaba seguro de lo que significaba la palabra destino.

—¿Y no podría decirme al menos por qué en Fantasville ocurren siempre cosas tan extrañas? —preguntó.

La bruja permaneció en silencio durante un momento.

—No hace mucho, Watch me hizo la misma pregunta. Vino a pedirme ayuda para vencer al Gato Malvado. ¿No te lo contó?

—Sí, señora.

—Yo no le dí una respuesta clara. Te lo repito, sólo puedes prepararte para tu destino ignorándolo.

—No entiendo nada —admitió Adam.

—No importa, ya lo entenderás. —Ann Templeton volvió a quedarse en silencio y su mente parecía vagar a miles de kilómetros de distancia. Luego se agitó levemente y lo miró—. ¿Os ha hablado Bum alguna vez de las antiguas guerras que se libraron en este planeta entre los pueblos de Lemuria y la Atlántida?

—Sí. Nos dijo algo cuando nos invadieron los Monstruos de Hielo.

Ann Templeton rió ligeramente.

—Algún día regresarán.

—Espero que no. Nos costó mucho librarnos de ellos. Pero me gustaría saber más cosas sobre Lemuria y la Atlántida.

Ella asintió.

—Bum os explicó que Fantasville es lo último que queda de Lemuria, y es verdad. Sin embargo, aquella antigua guerra entre los dos grandes continentes fue sólo un reflejo de una guerra mucho más cruenta que se libraba en las estrellas. De hecho, esa guerra aún no ha cesado, y algunos de esos seres a los que llamáis alienígenas quieren que la Tierra sobreviva, pero otros no. ¿Entiendes?

—¿Está diciendo que esta distorsión en el tiempo ha sido provocada por los alienígenas malos que desean acabar con nuestro planeta?

—Es una forma de decirlo. De lo que no hay duda es de que, al permitir que los dinosaurios se cuelen en nuestro tiempo, nos barrerían de la faz de la Tierra sin demasiado esfuerzo. Aunque eso no quiere decir que hayan hecho algo deliberado para producir esta distorsión.

—Me he perdido.

Ella sonrió con dulzura.

—Si quieres puedo hacerte un dibujo. A lo mejor así lo entiendes mejor.

Adam vaciló.

—No. Creo que debo averiguarlo por mí mismo. Probablemente los alienígenas malos deseaban esa distorsión en el tiempo, pero no hicieron nada para provocarla. ¿Es eso?

Ann Templeton se puso en pie.

—Ése es el acertijo. De todas formas no debes preocuparte, ya lo resolverás, con la ayuda de tus amigos. Siempre lo haces.

Adam también se puso en pie.

—¿Pero cómo podré reunirme con ellos a tiempo para salvarles?

Ella echó la cabeza hacia atrás y soltó una sonora carcajada.

—¿Es que nunca te cansas de hacer preguntas? De acuerdo, Adam, al menos tú me lo pides con respeto y educación. Te daré alguna pista más. Te confiaré unos cuantos secretos. —Le hizo un gesto para que se acercara y luego se inclinó hacia él y apoyó una mano sobre el hombro herido—. Aunque si quieres ser un héroe, primero tendrás que curarte.

Cubrió la herida con sus dedos durante unos segundos.

Adam sintió un calor delicioso que se extendía por todo su cuerpo.

¡Cuando Ann Templeton retiró la mano, su herida estaba curada!

Adam se quedó boquiabierto.

—¿Cómo lo ha hecho?

—Ése es un secreto que aún no puedo confiarte. —Luego inclinó aún más la cabeza y le susurró al oído—. Pero hay otros secretos que sí puedo compartir contigo. Te diré qué debes hacer para abrir la Senda Secreta sin tener que recorrer antes todo el pueblo. Cómo usarla para poder viajar en el tiempo y llegar a un pasado que se encuentra a setenta millones de años de distancia.

9

Adam se materializó en una cueva oscura donde hacía un calor espantoso. A su derecha distinguió un débil resplandor rojizo y echó a andar con sigilo en esa dirección. No tuvo que caminar mucho antes de llegar a una enorme cámara subterránea donde se veían varios pozos rebosantes de lava hirviente. En el centro de la cámara, había un grupo de cuatro alienígenas de grandes cabezas rodeando una caja metálica del tamaño de un escritorio. Al parecer ya habían terminado con el trabajo y se felicitaban unos a otros por la realización del mismo.

Detrás de ellos, encadenados a la pared, Adam descubrió a sus amigos acompañados de Bryce Poole.

Adam todavía desconfiaba demasiado de Bryce como para incluirlo entre sus amigos.

Aunque Ann Templeton ya le había dicho que Cindy estaba viva, sintió un profundo alivio al comprobarlo con sus propios ojos. Aunque su felicidad se disipó ante la visión de aquellos alienígenas cabezones que habían capturado a sus amigos. Dedujo que debía tratarse de los alienígenas malos, y decidió que lo mejor sería manejarse con prudencia. Por si aún le quedaba alguna duda con respecto a los alienígenas, sólo tuvo que mirar delante de él, donde se apilaban los cuerpos sin vida de los otros alienígenas.

Curiosamente, los alienígenas abatidos aún conservaban sus pistolas de rayos láser en las fundas. Estaba claro que los alienígenas malos no consideraron necesario desarmar a sus enemigos muertos. Además, los alienígenas, probablemente, pensaban que ya habían capturado a todos los seres humanos que había en el interior de la cueva. Adam sonrió satisfecho. Ninguno de aquellos cabezones miraba hacia donde él se encontraba, de modo que sólo tenía que extender la mano. Un segundo después, empuñaba con firmeza una pistola de rayos láser.

—¿Y dónde tengo que apretar para hacerles perder el conocimiento? —musitó. Había tres posiciones en el arma, pero no podía diferenciar la posición de Matar de la de Hacer Volar Todo en Pedazos. No pretendía matar a esos alienígenas. Sólo quería liberar a sus amigos y salvar Fantasville. Pero, no sólo no tenía ni la más remota idea de cómo usar la pistola, sino que tampoco veía la manera de salvar a sus amigos sin que los alienígenas lo descubriesen antes.

Entonces comprendió que las tres cuevas que desembocaban en aquella enorme cámara volcánica debían comunicarse entre sí. Decidió desandar el trecho que había recorrido para ver si le era posible dar un rodeo y aparecer por el otro lado de la cámara. Y aunque sus amigos estaban encadenados al muro, se encontraban situados muy cerca de la abertura más amplia.

La intuición de Adam funcionó. Diez minutos más tarde, se arrastraba hacia la cámara volcánica desde el otro extremo. Los alienígenas cabezones seguían reunidos alrededor de la gran caja metálica, hablando con voces chillonas que sonaban como discos compactos frotados con papel de lija. Sus amigos se hallaban a pocos metros de distancia. Pero Adam no podía arriesgarse a emerger de las sombras para hablar con ellos. Se quedó escuchando durante un momento antes de decidirse a hablar, y se alegró de oír a Sally que se quejaba a Bryce.

—¿Cómo pudiste llegar a pensar que estos monstruos cabezones iban a salvarnos de los dinosaurios? —le reprochó.

—Entonces me pareció una deducción lógica —se defendió Bryce.

—Sí. Muy lógica hasta que nos encadenaron a la pared —protestó Sally.

—La ley de probabilidades tiene su margen de error —se intentó justificar Bryce.

—Pues el sentido común raras veces falla —replicó Sally—. Te lo digo yo, si un alienígena es feo lo más probable es que también sea malo.

—Ojalá Adam estuviese aquí —suspiró Cindy—. Seguro que él nos salvaría.

—A Adam le daba miedo venir aquí —afirmó Bryce.

—Me extraña mucho —protestó Watch—. Adam no le teme a nada ni a nadie.

—Yo no diría tanto —susurró Adam desde las sombras.

Los cuatro amigos dieron un salto al oír su voz, pero fueron lo bastante prudentes como para disimular su sorpresa. Watch se inclinó hacia delante todo lo que le permitía la cadena y escudriñó en la oscuridad de la cueva.

—¿Eres tú, Adam? —le preguntó en un susurro.

—Sí. Estoy aquí. Pero no mires hacia aquí.

Watch volvió de inmediato a su posición anterior.

—Tienes razón.

—Estamos salvados —exclamó Sally.

—Sabía que Adam vendría a rescatarnos —dijo Cindy con voz firme.

—Aún no nos ha salvado —musitó Bryce.

—Tengo una pistola de rayos láser —les explicó Adam—. Se la cogí a uno de los alienígenas muertos. Pero no sé cómo se usa.

—Sólo tienes que apuntar y disparar —contestó Watch.

—No quiero matar a esos alienígenas cabezones —protestó Adam—. Sólo dejarlos sin conocimiento.

—Acaba con ellos —ordenó Sally—. Nos quieren matar.

—Lo que está claro es que esa pistola, cuando se la quitaste a ese alienígena muerto, estaba en posición de matar. Cuando repelieron el ataque de los alienígenas cabezones, antes de caer muertos, dudo mucho que pensaran sólo en atontarlos.

—Pero hay otras dos posiciones de disparo —susurró Adam.

—Pues tendrás que adivinar cuál de las dos es —concluyó Watch.

—Hagas lo que hagas —intervino Bryce—, cuando les dispares ten mucho cuidado de no alcanzar la caja metálica. Estamos convencidos de que se trata de algún tipo de bomba.

—Adam ya lo sabe —protestó Sally—. No es idiota.

Bryce estaba molesto con ella.

—¿Sabes una cosa, Sally? Eres una interesada. Sólo he cometido un pequeño error y no has parado de meterte conmigo.

—Bienvenido al club —musitó Watch.

—Voy a dispararles —anunció Adam, cambiando la posición de disparo de la pistola y apuntando a los alienígenas—. Deseadme suerte.

—Buena suerte, Adam —le deseó Bryce.

—Así que ahora Adam te cae bien porque te está salvando la vida, ¿eh? —se burló Sally.

—Silencio —ordenó Watch—. No le distraigáis.

A Adam le resultaba muy difícil fijar el punto de mira en los alienígenas porque estaban muy cerca de la caja metálica. No veía de qué manera podía dispararles sin que los rayos alcanzaran también la caja. Además, no le hacía ninguna gracia matarles, fuesen malos o no, y menos sin previo aviso. Finalmente, no le quedó más remedio que apartar todos aquellos pensamientos. Había venido a cumplir una misión y tenía que salir bien. Mucha gente dependía de él. Apoyó el arma sobre una roca y apuntó con cuidado hacia los extraterrestres.

Adam apretó el gatillo.

Un rayo de luz roja hizo impacto en el alienígena más alto del grupo y lo derribó al suelo.

Adam no podía saber si la criatura procedente del espacio estaba muerta o sólo desmayada.

Continuó disparando.

Otros dos rayos hicieron blanco en dos alienígenas.

Pero el último alienígena había conseguido desenfundar el arma y disparar a su vez. Adam alcanzó a ver un rayo de luz roja y, un instante después, la pared situada detrás de él estalló en una lluvia de chispas incandescentes. La explosión lo lanzó a tierra y la pistola escapó de sus manos.

—¡Adam! —gritaron sus amigos al unísono.

Adam estaba atontado pero no había perdido el conocimiento. Se arrastró en la oscuridad buscando la pistola, al tiempo que otros seis rayos letales pasaban a escasos centímetros de su cabeza. Por suerte, la onda expansiva del impacto en la pared lo había arrojado al suelo; de no ser así, hubiese muerto. Sin embargo, aún les llevaba ventaja porque aquel alienígena cabezón no podía verle. Sólo necesitaría un disparo certero para acabar con él.

La mano derecha de Adam topó con la pistola.

La alzó mientras todavía se hallaba tendido en el suelo, sujetándose el brazo derecho con la palma de la mano izquierda y apuntando el cañón. Por un momento, el alienígena cesó en su ataque, convencido quizá de que ya había dado buena cuenta de su enemigo. En ese preciso instante, Adam abrió fuego y le alcanzó en mitad del pecho.

El alienígena cayó hacia atrás y quedó inmóvil.

—¡Bien hecho, Adam! —exclamaron sus amigos.

Adam se puso en pie y corrió hacia el interior de la cámara volcánica. Las cadenas que habían usado los alienígenas para sujetar a sus amigos eran inmensamente largas. Adam les dijo que se echaran hacia delante y disparó a las cadenas, justo en el punto en el que se unían a la pared de la cueva. En menos de un minuto, sus cuatro amigos eran nuevamente libres; las esposas se abrieron al romperse las cadenas. Por supuesto, Adam liberó a Bryce el último, aunque a éste no pareció importarle.

Una vez acabaron de abrazarse y felicitarse por continuar con vida, quedaba por resolver el problema de la caja metálica. ¿Qué se suponía que debían hacer con ella?

—Yo sigo pensando que se trata de una bomba diseñada para provocar la erupción del volcán y la distorsión en el tiempo —declaró Bryce.

Watch estudió el panel de control. Parecía desactivado.

—Entonces esos alienígenas cabezones han venido aquí para impedir que explote —reflexionó Watch—. Porque está claro que han apagado este chisme.

Bryce dudó.

—Es posible.

Sally sacudió la cabeza.

—Dudo mucho que esos espantosos cabezones hayan venido a este lugar con buenas intenciones.

—¿Qué hacemos ahora? —preguntó Cindy—. Sally dice que los dinosaurios están ahora mismo matando a gente en Fantasville.

—No —la corrigió Watch—. Están muriendo setenta millones de años en el futuro.

—¿Cuál es la diferencia? —protestó Sally.

—Yo opino que deberíamos marcharnos de aquí —intervino Bryce—. Todo saldrá bien.

—No —replicó Adam, en voz baja pero con firmeza.

Recordó lo que Ann Templeton le había dicho. El acertijo. Los alienígenas malos no harían nada deliberadamente para distorsionar el tiempo. No obstante, acabarían haciéndolo. La solución era evidente.

—Esto es una bomba —continuó Adam—. Pero

una bomba destinada a impedir la erupción total del volcán. Su propósito nunca fue provocar la erupción. El primer grupo de alienígenas llegó aquí para impedir la distorsión en el tiempo. Y, sin embargo, estaba destinada a ocurrir. Los alienígenas malos tampoco fueron los responsables de que los dinosaurios invadiesen Fantasville.

—¿Qué significa destinado? —inquirió Cindy.

—Que debía suceder —contestó Sally—. ¿De veras lo crees?

—Sí —insistió Adam—. Aunque, en cierto modo, los alienígenas malos sí causaron la distorsión en el tiempo porque impidieron a los alienígenas buenos acabar su trabajo. Propongo que volvamos a activar el mecanismo de la bomba.

—¿Pero cómo podría la bomba impedir la erupción? —preguntó Bryce.

—Por ejemplo, haciendo que este cono volcánico cayera sobre sí mismo —explicó Watch—. O abriendo un enorme agujero en el lateral del cono que actuara como válvula de escape para que la presión fuera saliendo por allí, poco a poco, en lugar de hacerlo toda de golpe en una sola explosión.

Bryce asintió.

—Tiene sentido. Pero eso no significa que sea cierto.

—Yo creo que lo es —lo contradijo Adam—. Y me muero de ganas por comprobarlo.

Bryce no parecía muy convencido.

—De acuerdo, supongamos que Adam tiene razón. ¿Cómo haremos para activar otra vez la bomba?

Watch sacudió la cabeza mientras estudiaba el panel de control.

—Nos llevaría más de un año descifrar para qué sirven todos estos botones. Si apretamos uno equivocado, la bomba podría estallarnos en las narices.

—Entonces no vale la pena —decidió Cindy—. Lo mejor será largarnos de aquí cuanto antes.

—No nos rindamos tan pronto —protestó Adam y su mirada se desvió hacia un rincón donde se apilaban los cuerpos de los alienígenas guapos. Tal vez sólo se hallaran inconscientes. Adam no estaba seguro, sólo sabía que uno de ellos había comenzado a moverse.

10

Los cinco amigos corrieron hacia el alienígena mientras éste parpadeaba e intentaba levantarse del suelo. Adam y Watch le ayudaron a incorporarse y, por un momento, parecía no recordar dónde se encontraba. Se llevó una mano a la cabeza e hizo una mueca de dolor, pero el sufrimiento pasó enseguida y el alienígena sonrió y asintió.

—¿Hablas nuestro idioma? —dijo Adam.

La criatura del espacio negó con la cabeza.

—¿Pero lo entiendes un poco? —insistió Watch.

El alienígena levantó el índice y el pulgar apenas separados.

Entendía muy poco.

Adam señaló la caja metálica.

—¿Puedes hacer que funcione?

El alienígena asintió y trató de levantarse. Pero necesitó la ayuda de Adam y Watch para mantenerse en pie. Las armas de los alienígenas malos, a pesar de haberlo dejado sólo inconsciente, debían ser muy potentes. Adam esperaba que el resto de extraterrestres que yacían en el suelo tampoco estuvieran muertos. Aunque prefería que siguieran durmiendo un buen rato.

Acompañaron al alienígena hasta la caja de metal. Una vez allí, Cindy se señaló el pecho y dijo:

—Cindy.

Luego señaló al alienígena y él, a su vez, se señaló a sí mismo.

—Traelle —pronunció.

—Traelle —repitió Cindy. A continuación hizo todas las presentaciones—. Éstos son Adam, Sally, Bryce y Watch. Encantados de conocerte, Traelle.

—Suponemos que no estarás intentando destruir nuestro mundo —añadió Sally.

—¡Sally! —exclamó Cindy—. ¡No seas maleducada!

—¿Y tú qué sabes lo que él entiende por educación? —replicó Sally—. A lo mejor en su planeta escupirle a alguien en la cara está bien visto.

—Por favor, no le escupas en la cara —murmuró Bryce.

—Me lo has quitado de la boca —le dijo Watch.

—Traelle —lo llamó Adam, al tiempo que golpeaba suavemente en la tapa de la caja—. ¿Podremos librarnos de los dinosaurios con esto?

Traelle se limitó a mirarle.

—Dinosaurios —repitió Sally y profirió un sonido agudo y estridente.

Traelle primero asintió, hizo el mismo sonido, aunque no tan bien como Sally, a la que se le daba muy bien lanzar chillidos, y luego asintió. Adam habló a sus amigos.

—Creo que intenta decirnos que ha entendido la pregunta y que con esta caja de metal no habrá más dinosaurios en nuestra época.

—O tal vez en toda la Tierra —reflexionó Bryce sombríamente—. Existe una posibilidad de que esta bomba esté destinada a hacer volar en pedazos todo el planeta.

—Sería una solución —observó Watch.

—¿Por qué tenéis que pensar siempre en lo peor? —le preguntó Sally a Bryce.

—No te acerques que me tiznas, le dijo la sartén al cazo —se burló Cindy.

Adam miró a Traelle y el alienígena le sonrió con tanta calidez que todas sus dudas se disiparon. Era imposible que el visitante pudiera causarle daño a nadie. Traelle le dio unos pequeños golpes en el brazo.

—Adam —dijo.

Adam hizo lo propio con Traelle.

—Amigo —respondió.

Traelle asintió.

—Amigo.

—Parece que os lleváis bien —dijo Watch—. Es probable que Traelle pueda activar nuevamente la bomba. Y tanto si nos salva, como si nos desintegra, al menos habremos solucionado la crisis.

—Esperad —ordenó Bryce—. Si logra activar la bomba, señálale en tu reloj que necesitamos al menos un par de horas para salir de aquí.

—Buena idea —admitió Adam. Hizo una pausa—. Pero tal vez Watch es el más indicado para decírselo.

—Soy un especialista en la materia —convino Watch.

Entonces, mediante una serie de gestos, Watch trató de explicarle a Traelle que no querían que la bomba les estallase en las narices. Traelle asintió al instante. Daba la impresión de haberlo tenido ya en cuenta.

Traelle comenzó a manipular en el panel de control. Muy pronto, el mecanismo estuvo activado y comenzó a emitir un ligero zumbido que se extendió por toda la cámara subterránea. Traelle señaló una serie de símbolos que fluctuaban sobre una pantalla gris lanzando vivos colores. Los símbolos semejaban números.

Después el alienígena señaló uno de los relojes de Watch. El mensaje era claro.

La cuenta atrás había comenzado.

—Gracias —dijo Adam, ofreciéndole a Traelle su mano.

El alienígena envolvió la mano de Adam entre las suyas y, una vez más, Adam sintió que una oleada de calor le invadía. Entonces recordó dónde había experimentado la misma sensación: al tacto de Ann Templeton cuando ésta había posado la mano en su hombro herido para curarlo.

Traelle gesticuló hacia los alienígenas, buenos y malos, que yacían en el suelo de la cámara volcánica. Ante la sorpresa de todos, Traelle alzó un pulgar hacia arriba. Una vez más, captaron su significado a la primera: él se haría cargo de ellos, incluso de sus enemigos.

Había llegado el momento de que Adam y sus amigos regresaran al tiempo y al espacio que les pertenecían.

Salieron de la cámara volcánica atravesando la cueva más grande y, muy pronto, se encontraron en el exterior, junto al platillo volante.

En realidad, los platillos volantes eran dos. Los alienígenas malos, naturalmente, habían aterrizado cuando ellos ya se hallaban dentro de la cueva.

Un instante más tarde, discutían cómo regresar a casa.

Sally y Bryce querían hacerlo a través de la Senda Secreta. Ambos sostenían que era la forma más rápida y segura de volver a Fantasville. Pero Watch quería dejar el todoterreno en el lugar donde lo había encontrado.

—Si queréis atravesar la Senda Secreta, no hay ningún problema —dijo—. Puedo ir yo solo a devolver el todoterreno.

—Y en el camino te atacarán quién sabe cuántos dinosaurios —protestó Cindy—. No puedes ir solo.

»Yo te acompañaré.

—Como si fueses de gran ayuda durante un ataque de dinosaurios —se burló Sally.

—Si Watch cree que debe entregar el coche —intervino Adam—, yo iré con él.

—Esto es ridículo —se quejó Sally—. Ya habéis oído a Cindy. Nos pasamos media mañana luchando sólo contra un pterodáctilo. Podría caernos encima una bandada entera, mientras intentamos salir de estas montañas.

»Yo digo que regresemos a través de la Senda Secreta y nos olvidemos del asunto.

—Pero si no devuelvo el coche, será un robo —se lamentó Watch.

—¡Has salvado al mundo! —exclamó Sally—. Lo más seguro es que el dueño del coche te lo quiera regalar como agradecimiento.

Watch era inconmovible.

—Yo lo cogí prestado y debo devolverlo. ¿Por qué Bryce y tú no os volvéis por la Senda Secreta? Ninguno de nosotros os lo impedirá.

—Sí —añadió Cindy encantada—. Cobardes.

—Jamás me habían llamado cobarde antes —se quejó Bryce.

Sally le miró.

—¿Qué quieres hacer? Conozco a estos tíos. Me harán la vida imposible si muestro el más mínimo signo de debilidad.

Bryce se encogió de hombros.

—Bien, si van a matarnos, que nos maten a todos juntos.

Watch le palmeó la espalda.

—Tal vez puedas llegar a ser uno de los nuestros, Bryce. Sally ya te está insultando y tú estás desarrollando una actitud fatalista.

11

Estuvieron dando vueltas durante más de una hora y todo parecía indicar que se habían equivocado. No había manera de encontrar el todoterreno o, mejor dicho, Watch no podía encontrarlo ya que él era el único que sabía dónde lo había dejado aparcado. Aunque no se le podía culpar por ello. El todoterreno era azul, al igual que los millones de hojas que vestían aquel paisaje primitivo. El todoterreno no era más que otra enorme flor en un laberinto infinito de vegetación antediluviana.

—Tal vez deberíamos regresar —propuso Sally—. Y coger la Senda Secreta. No sabemos cuánto tiempo nos queda.

—Yo lo sé —dijo Watch, enjugándose el sudor de una ceja. Hacía un calor húmedo y pegajoso y todos estaban sedientos y bañados en sudor—. Pude entender lo que dijo Traelle. Nos quedan veinte minutos.

El grupo lanzó una exclamación de sorpresa.

—¿Y por qué no nos dijiste nada? —preguntó Adam.

—No quería preocuparos —les respondió Watch.

—¿Preocuparnos? —gritó Sally—. ¡Vas a matarnos! Debemos regresar ahora mismo al volcán.

Adam miró hacia el lejano cono del volcán.

—No creo que lo consigamos en sólo veinte minutos.

Sally comenzó a caminar frenética de un lado a otro.

—Genial. Es estupendo. Conocemos una puerta secreta que nos puede conducir a la libertad y elegimos coger el camino más difícil, sólo para salvar un estúpido todoterreno azul.

—Me gusta ese coche —objetó Watch.

—¡Muy bien, Watch! —gritó Sally—. ¡Pues espero que san Pedro te regale uno para que puedas jugar con él!

—¡Deja de dar gritos! —le ordenó Adam—. Hay que encontrar una manera de salir de aquí.

—¡Me gusta gritar cuando tengo miedo! —volvió a gritar Sally—. ¡Me relaja!

—La única esperanza es encontrar ese coche enseguida —añadió Bryce con calma—. Watch, ¿qué dirección tomaste cuando dejaste el coche?

Watch alzó la mano y señaló hacia las montañas.

—Fui hacia ese pico —dijo—. ¿Tú estabas allí, verdad Cindy?

Cindy hizo un gesto negativo con la cabeza.

—No. Yo estaba en la cima de aquella otra montaña. ¿No te acuerdas?

Sally apenas podía contener su furia.

—No sé cuál de los dos está más ciego.

Watch se quitó las gafas para limpiarlas. Cuando volvió a colocárselas, asintió con una expresión de sorpresa.

—Tienes toda la razón, Cindy. Me ha fallado el sentido de la orientación. Los cristales se me empañan todo el tiempo.

—¿Significa eso que ahora recuerdas dónde dejaste el todoterreno? —preguntó Adam, rezando para que su amigo dijera que sí. Con gran alivio vio que Watch asentía y señalaba hacia su izquierda.

—Debería estar por allí —anunció.

Cinco minutos después encontraban el vehículo.

Faltaban quince minutos para la detonación.

El grupo estaba compuesto por cinco personas, en lugar de las cuatro habituales. No podían sentarse todos en la parte delantera. De hecho, el coche tenía sólo dos asientos propiamente dichos. Así que dos de ellos podían viajar cómodamente en la parte delantera. Cindy acompañó a Watch de copiloto, mientras Sally, Adam y Bryce se apretujaban en la parte trasera. El camino de regreso fue muy duro y accidentado porque, en realidad, no había tal camino. Sus amigos estaban asombrados de que Watch hubiese conseguido llegar tan lejos con el coche en aquella selva primitiva.

El tiempo pasaba volando. Como ocurre siempre que se tiene prisa. Siete minutos para la detonación. Ni rastro de Fantasville.

—¿Estás seguro de que éste es el camino correcto? —le preguntó Adam a Watch.

—No del todo —contestó Watch.

—Se nos acaba el tiempo —recordó Sally por décima vez.

—Y también el combustible —informó Watch.

Sally clamó en dirección al cielo.

—¡Cómo odio todo esto!

Fue una imprudencia por parte de Sally gritar tan alto. Porque corría el riesgo de llamar la atención hacia ellos. En efecto, entre las nubes bajas y grises que cubrían parte del cielo, apareció un enorme pterodáctilo. Y, probablemente, se trataba de su pterodáctilo porque Watch advirtió que aún tenía en la cabeza la herida producida por la piedra que él había dejado caer sobre él. Se lo comunicó a los demás.

—¿Le dejaste fuera de combate? —preguntó Sally—. ¿Sin posibilidad de defenderse? ¿Y por qué no aprovechaste para acabar con él de una vez por todas?

—Es una mamá pterodáctilo —gritó Watch por la ventanilla—. Tiene crías que alimentar.

—¡Tiene crías a las que piensa alimentar con nuestra carne! —exclamó Sally—. ¡Adam! ¿Aún llevas la pistola de rayos láser?

Adam sacó la pistola.

—Sí.

Sally intentó cogerla. Cuando falló en su intento, se agitó nerviosa en su asiento mientras escudriñaba el cielo buscando al pterodáctilo. El pajarraco se había lanzado en otros de sus famosos vuelos en picado y no había duda alguna acerca de sus intenciones.

—¡Pues dispárale entonces! —le ordenó Sally—. Y no me vengas con esa idiotez de que no quieres hacerle daño. Puedes estar seguro de que... él sí quiere hacernos daño.

Adam dudó.

—¿Cuántas crías tiene? —le preguntó a Cindy.

—En el nido había cuatro huevos —contestó ella, con la cabeza asomada por la ventanilla. Cindy también observaba el vuelo del pterodáctilo con ojos aterrados—. Uno de esos pajarracos recién nacidos me atacó cuando intentaba escapar del nido y me arañó en la pierna.

Cinco minutos para la detonación.

—¡Creo que ya puedo ver Fantasville! —exclamó Watch.

Era verdad, el escenario que se extendía unos metros más adelante les resultaba mucho más familiar.

Pero eso al pterodáctilo no parecía importarle. Se acercaba a una velocidad de vértigo.

—Podrías utilizar el láser aunque no quieras matarlo —sugirió Bryce—; unos pocos disparos de los que dejan inconsciente podrían disuadirle de que nos atacara.

—¡No! —volvió a gritar Sally—. ¡Debes utilizar

el láser a plena potencia! ¡Barre a ese monstruo del cielo! ¡Esta mañana ya intentó acabar con nosotros! ¡No le debemos nada!

Adam tomó una decisión. Alzó la pistola y le apuntó.

—Haré que se vaya a echar una siesta —dijo.

—Eso serán cosquillas para él —insistió Sally.

Adam abrió fuego. Hizo puntería en el pico del pterodáctilo. Por desgracia, Sally estaba en lo cierto.

La criatura lanzó un chillido de queja pero no redujo la velocidad.

—Tú serás un santo —intentó razonar Sally—. Pero ese lagarto volador no lo sabe. Y no va a recompensarte por tus buenas intenciones. Adam, por favor, usa la pistola como es debido.

Tres minutos para la detonación.

Diez segundos para la cena del pterodáctilo.

A Adam le costaba tragar. Le gritó a Watch.

—¿Crees que me lo cargaré si aumento la potencia al máximo?

—Lo convertirás en pterodáctilo asado —respondió Watch.

—¿Y si empleas la potencia media? —le propuso Bryce, que empezaba a removerse inquieto en su asiento. La figura del pterodáctilo parecía ocupar todo el cielo y sus chillidos resultaban atronadores—. Puedes herirle sin necesidad de matarle, Adam.

—¡Sí! —convino Sally con entusiasmo. Por la expresión de su rostro se diría que estaba a punto de saltar del vehículo—. ¡Dispárale! No le mates si no quieres. Pero haz que nos deje en paz.

—De acuerdo —aceptó Adam de mala gana.

Volvió a cambiar la posición del dispositivo de disparo y apuntó con cuidado hacia el pterodáctilo.

Hizo fuego. La pistola dejó escapar un grueso rayo rojo contra el lagarto volador.

También esa vez hizo diana. El pterodáctilo lanzó un aullido de dolor y se desvió hacia un lado.

Dos minutos para la detonación.

Por desgracia, el pajarraco sólo estaba herido; y eso no era suficiente para hacerle cambiar de idea.

Reanudó la persecución desde el cielo en cuanto le fue posible. Pero, en esta ocasión, volaba a baja altura.

Bryce habló en nombre de todos.

—Adam, tendrás que matarlo si queremos sobrevivir —sentenció.

—¿Y qué es lo que he estado diciendo yo todo el tiempo? —protestó Sally.

Justo delante, los árboles comenzaron a recobrar su aspecto normal.

Un minuto para la detonación.

Adam aumentó la potencia del arma al máximo.

El pterodáctilo se encontraba a menos de cien metros detrás de ellos y con las garras preparadas para atacar. Pero Watch se las ingenió para mantener la velocidad. A medida que se aproximaban a la frontera entre las dos épocas, el suelo comenzaba a alisarse. El pterodáctilo proseguía su implacable persecución, pero tendría que hacer un esfuerzo si quería alcanzarles. Sus enormes alas batían con furia cortando el aire. Todo parecía indicar que acabaría cogiéndoles. Fue acortando paulatinamente la distancia hasta colocarse a menos de veinte metros de ellos. Podían olerle. Contemplar incluso sus horribles ojos rojos y negros y el hambre dibujada en su boca babeante.

Treinta segundos para la detonación.

Trece segundos para el ataque del pterodáctilo.

Trescientos metros para entrar de nuevo en su mundo. Adam alzó la pistola de rayos láser por tercera vez y apuntó con cuidado.

Watch piso el acelerador a fondo.

—¡Dispara! —gritó Sally.

Adam hizo fuego. El rayo rojo brotó de la pistola.

Pero, justo en aquel instante, el coche cogió un bache y Adam erró el tiro.

Quince segundos para la detonación.

El monstruo abrió su enorme pico.

Dos segundos para convertirse en postre del pterodáctilo. Cien metros para llegar a Fantasville.

Adam se dispuso a apretar por cuarta vez el gatillo.

Pero, de pronto, el pajarraco comenzó a emitir unos ruidos extraños.

Adam parpadeó varias veces antes de entender el motivo.

Sally le había lanzado uno de sus zapatos y había conseguido meterlo en la boca del monstruo alado.

El pterodáctilo se alejó.

Tosiendo como lo haría un loro con un cacahuete atascado en la garganta. Sally se encogió de hombros mientras Adam y Bryce la miraban incrédulos.

—A Watch le dio resultado —argumentó con indiferencia—. Además, había que hacer algo. Os lo digo muy en serio, chicos, es la última vez que me meto en líos con un puñado de pacifistas como vosotros.

Un minuto después, entraban en Fantasville.

Detrás de ellos se produjo un relámpago enceguecedor.

Y el bosque primitivo se desvaneció en el aire.

EPÍLOGO

Aparcaron el todoterreno donde lo habían encontrado aquella mañana y dejaron una nota en el salpicadero donde decían que les gustaría pagar la ventanilla rota y la gasolina que habían consumido. De hecho, habían tenido que empujar el vehículo un largo trecho por la carretera desierta hasta llegar allí. La gasolina se les había acabado al poco de abandonar las montañas que rodeaban Fantasville.

Mientras se dirigían andando hacia el pueblo, comprendieron de inmediato que sus vecinos no habían sufrido el ataque de los dinosaurios, no en aquella nueva realidad. Todo estaba en su sitio, no se oían gritos ni lloros. Adam tenía razón. Al solucionar el problema en el pasado, había dejado de existir en el presente. Nadie había muerto y eso era lo más importante.

Sin embargo, cuando pasaban junto al castillo de la bruja, vieron que Ann Templeton estaba en la puerta, dando de comer a los cocodrilos que vivían en el foso. Los saludó y les hizo señas de que se acercaran. Los cinco amigos comprobaron que sostenía entre las manos unos pequeños muñecos.

Ann Templeton se echó a reír al observar sus expresiones de asombro y alzó los juguetes para que pudiesen verlos mejor.

Eran diminutos dinosaurios. Réplicas perfectas de los que habían visto aquel día.

Ann Templeton sonrió.

—Pensé que os gustaría conservarlos de recuerdo —dijo.

Pero todos rechazaron el regalo. Incluso Adam.

En Fantasville había cosas de las que era mejor olvidarse.

ACERCA DEL AUTOR

Es muy poco lo que se sabe de Christopher Pike, aunque se supone que se trata de un hombre bastante extraño. Los rumores dicen que nació en Nueva York, pero creció en Los Ángeles. Recientemente ha sido visto en Santa Bárbara, de modo que es probable que ahora resida en esa zona. Pero nadie sabe realmente cuál es su aspecto o qué edad tiene. Es posible que no se trate de una persona real, sino de una criatura excéntrica llegada de otro planeta. Cuando no escribe, se sienta y mira las paredes de su enorme casa encantada. Un gnomo pequeño y feo vaga a su alrededor en la oscuridad mientras le susurra historias escalofriantes al oído.

Christopher Pike es uno de los autores de ficción para adolescentes más vendidos de este planeta.

FANTASVILLE

Christopher Pike

PRIMEROS TÍTULOS DE ESTA COLECCIÓN

LA SENDA SECRETA
Christopher Pike

Adam Freeman acababa de trasladarse a vivir con su familia a la ciudad de Springville. Sus padres le habían explicado que era por razones de trabajo. Sally le explica que el auténtico nombre de la ciudad es Fantasville, que le venía de las fantasmales y aterrorizadoras cosas que allí sucedían. Adam se junta con Watch y deciden salir a buscar la Senda Secreta, un camino mágico que conduce a otras poblaciones Fantasville. Adam, Sally y Watch entran por la puerta oscura y emprenden el camino por la Senda Secreta. Al final hallan una terrorífica Fantasville llena de serpientes, esqueletos vivientes, terribles caballeros negros…

EL AULLIDO DEL FANTASMA
Christopher Pike

Cindy está jugando junto al océano con su hermano cuando aparece un fantasma y se lo lleva. Ella intenta contar qué es lo que le ha ocurrido a Neil pero nadie se lo cree y no encuentra a quien la ayude. Todo cambia cuando Sally, que cree en los fantasmas, lee en el periódico lo que ha sucedido. Se reúne con Adam y Watch y le prometen a Cindy que le ayudarán a rescatar a su hermano a cualquier precio. Pero lo que nadie conoce es que se trata de un peligroso y decrépito fantasma. Antes que devolverles al hermano de Cindy, estaría dispuesto a convertirlos en fantasmas a todos ellos.

LA CUEVA EMBRUJADA
Christopher Pike

En las afueras de Fantasville hay una famosa cueva de la que se cuentan escalofriantes historias. Adam decide explorar el lugar en compañía de sus amigos Watch, Sally y Cindy. Pero una vez dentro de la cueva, la entrada se cierra. Han quedado atrapados en la más impenetrable oscuridad. Entonces deciden adentrarse en la gruta y buscar alguna salida. Las pilas de sus linternas comienzan a agotarse y descubren que alguien o algo les sigue sus pasos. Algo que ha permanecido en la cueva durante mucho tiempo. Es enorme, negro... ¡y hambriento!

LOS EXTRATERRESTRES
Christopher Pike

En Fantasville cada día suceden cosas más raras. Una noche muy calurosa en la que Adam y sus amigos se hallan junto al pantano, observan de pronto en el cielo unas luces que les recuerdan a los platillos volantes. La noche siguiente, las naves aterrizan. Sus tripulantes tienen un aspecto un tanto peculiar. Sus cabezas son grandes, y sus ojos enormes y oscuros. Y lo que todavía es peor, desean llevarse a Adam y a sus amigos a dar una vuelta por el espacio. Los alienígenas prácticamente les obligan a entrar en los platillos que, de inmediato, emprenden el vuelo.